PSYCHO-CYBERNETICS

自分を動かす

あなたを成功型人間に変える

マクスウェル・マルツ

小圷弘［訳］

知道出版

Original English edition published by

Prentice-Hall, Inc, 1960.

Japanese translation rights arranged by Prentice-Hall, Inc.

はじめに

自分の「ほんとうの姿」を知る、これは心理学の重要なテーマの一つです。しかし、人間はいろいろなことを考えますし、思いがけない行動もします。性格にしても十人十色です。成長するそのときどきで、いままでの自分とは違っている自分を感じることもあります。環境や接する相手が変われば、そこにいままでは考えたこともない自分がいたりします。このように一人の人間をみても、多様な姿があることが分かります。いくつもの顔があることも理解できます。「ほんとうの姿」は、そのときどきでいろいろな姿をみせるということです。

整形外科医の私がこうした問題に興味をもったのは、次のような体験をしたからです。私の所にみえる患者さんは、交通事故その他の理由で怪我をされ、その治療に来られた方たちです。治療後、たいていの方は治ったことを喜んで帰られますが、なかには見た目には元どおりに治っているのに、依然として怪我で醜くなった自分を忘れられず、劣等感を拭いきれずにいる方がおられるのです。なぜだろう、と思いました。

その人がもっている自分自身のイメージが、その人の言動を左右している、あるいはその人の言動に重要な役割を果たしていることは分かっても、心理学はそれから先のことを教えてくれません。たとえば、タバコを吸いたいと思った人が、テーブルの上にあるタバコをつまんで口にくわえることについては教えてくれますが、それがなぜ可能なのかは解明してくれません。その謎解きをしてくれたのは、サイバネティックスという学問でした。

心の問題を解明するのに、心理学以外の学問の成果が役立ったとしても、不思議なことではありません。狂犬病のワクチンを発明したパスツール博士はお医者さんではなかったし、飛行機を発明したライト兄弟は自転車の修理工だったし、相対性原理を考え出したアインシュタイン博士だって、厳密に言えば物理学者というよりも数学者だったのです。

だからと言って、私はサイバネティックスの解説をしようとしているわけではありません。「自分の思いどおりの人生」、「充実した人生」、「幸せな一生」などという言葉でくくられる人生は、どうすれば自分のものにできるか、それをご一緒に考えたいのです。

心理学は「成功しやすい個性」と「失敗しやすい個性」、「幸福になりやすい個性」と「不幸になりやすい個性」、あるいは「健康にすごせる個性」と「病気になりやすい個性」のあることを証明しています。しかし、「幸せな人生」を手にするにはどうしたらいいか、については、サイバネティックスの研究成果が的確な示唆を与えてくれます。

「幸せを手にする」という意味は、「成功する人生を掴む」ということと同じです。では、成功とは何でしょう。それは、「設定した目標を自ら納得のいく形で達成すること」なのです。人間は目標をもって行動するとき、その持てる力を十分に発揮するものなのです。そして目標の達成に向けて行動するとき、自己イメージが重要な役割を演じるのです。人間の脳と神経系は「目標のある行動」向きにできているのです。

たとえば、野球のピッチャーがアウト・コースの低めに速球をコントロールして投げるとしましょう。この場合、速球が投げられるということが前提条件になりますが、「オレは素晴らしい素質をもっており、いつでもアウト・コースの低めに速球を投げられる」と強く信じ、大観衆が詰め掛けている球場のピッチャーズ・マウンドで好投している自分をイメージして練習すれば、その人の脳と神経系は、失敗したときのことは忘れ、成功したときのことだけを記憶し、それを投球動作に反映するように働くのです。

その意味では、「成功こそ成功の母」なのです。人間は成功の経験を積み重ねることで、より大きな成功を掴むのです。たとえば健康で幸せな充実した生活を享受できるのは、愛を「教えられた」からではなく、愛を「体験した」からなのです。泳げない人でも深い水のなかに投げ込まれれば、泳げるようになります。日ごろ不幸をかこっていた人でも、幸福を経験すれば人生を楽しむことができるのです。

さらに重要なことは、経験する前に成功をイメージすることで、早く成功を掴むことができることも実証されています。そのノウハウは本書のテーマですが、それの実践については、以下の章で細部にわたって具体的に説明してまいります。しかし、ここでもくどいようですが、本書の内容は知識として読み取るだけでは不十分です。それを実践し体験することが大事なのです。あなたの明日からの行動に反映されて初めて、本書の目標も達成されるのです。私も成功者にしてください。

マクスウェル・マルツ

自分を動かす◎目　次

目次

8　「成功人間」に変身しよう …… 105

目　次

1

「あなたが考えている
あなた」を知る

あなたが考えている「あなた」

人はだれでも、自分がどのような人間か、漠然とではありますが、理解しています。正確に言えば、理解していると「思って」います。それはおおむね幼少期に「刷り込まれた」ものです。たとえば、数学が苦手だと思っている人は、学校の成績表を見せ、「このとおりです」と言います。「君は数学ができないと思っているだけさ」と言っても、信用しません。営業に不向きだと思っている人は、受注表を見せて「努力はしたのですが、この有様です。私はセールスには向いていないのだと思います」と言うのです。

人はこうした成績表や受注表を客観的な証拠と言い、それを絶対だと思い込んでいるのです。「自分の問題」は、自らが下す自己評価にあることに気づいていないのです。自分はこういう人間だと思い込んでいる人間として振舞っているのです。「おれはグズだ」と思い込んでいる人は、優れたアイデアをもち実行力もあるのに、しかも幸運を掴むチャンスが目の前にぶらさがっているのに、「グズとして」行動してしまうのです。そして、それを説明できる客観的な材料を用意してしまうのです。

自己イメージは、このような働きをするのです。知らず知らずのうちに、あなたの生活のあらゆる面に、影響を及ぼしています。あなたの行動だけでなく、性格にも影響を及ぼしているのです。そして、この点が重要なのですが、あなたが現在もっている自己イメージは、あなた自身の「思い」で変えられるのです。あなたの自己イメージが悪いほうの仕組みで働くか、良いほうの仕組みで働くかは、あなたの「思い」が決めていくのです。

自己イメージは変えられる

習慣や生活様式を変えるのはむずかしい、と思うのは、それを心の問題として処理せずに、外部の問題として考えるからです。イエス・キリストは「古い着物をつくろうために、新しい着物を切りとる者はいない。そのようなことをすれば新しい着物をダメにするし、だいいち新しい着物からとった布は、古い着物には合わない。新しいぶどう酒を古い革袋に入れる者もいない。そうすれば新しいぶどう酒は醗酵してガスをだすから、袋が破れてぶどう酒が漏れ、袋もぶどう酒もダメになってしまう。新しいぶどう酒は新しい革袋に入れるべきだ」と諭しておられます。

私たちが考えている自己イメージは、いわば「新しいぶどう酒」なのです。あなた自身を「新しい革袋」に変えないかぎり、効果のあがらないものなのです。しかし、ひとたびあなたが「新しい革袋」に変身すれば、あなたを取り巻くもろもろのことは、自然にいい方向に変わっていきます。

自己イメージの研究で有名なブレスコット・レッキー博士は、人間は自己イメージという視点からみれば「観念のシステム」でできている、と説きました。観念というのは、意識の対象を心のなかにイメージとして描いたものです。つまり、人間はそこにある物は自分が思っている物としてみている、というのです。ある学生がある年の試験で落第点をとったのですが、翌年は優秀な成績で合格しました。なにがそうさせたか。彼は彼自身を馬鹿だとか低脳だとは思っていなかったのです。たまたま試験に失敗しただけだ、と承知していたのです。もちろん、勉強はしましたが、やればできると思っていたのです。

私自身も同様の経験をしています。大きな耳をもった少年がいました。そのせいで、おまえの顔は、両方のドアを開けたタクシーのようだ、などと冷やかされたりして悲観していました。自然と人前にでたがらず、引っ込み思案の子になっていました。手術でその少年の耳が治ったとき、引っ込み思案もどこかに行ってしまいました。これは、整形手術の結果、少年がいままで自分自身に抱いていたイメージ（観念）が変わったからです。

もう一つ、こんな例もあります。交通事故で顔を怪我し、頬に口まで達する傷跡ができてしまったセールスマンがいました。彼はセールスの際、お客様が自分の顔を見て不快感をもつだろうと思い込み、お客様の顔色を伺うような毎日を送って、ついに自信をなくし、やがて心までねじけてしまったのです。この場合も整形手術で顔が元に戻ったら、一夜にして劇的に態度が変わりました。前よりもセールスに精をだして大成功を収めました。

ところが、実は成功した例ばかりではないのです。酷いかぎ鼻のために、内気ではにかみ屋だった公爵夫人の場合がそれです。彼女の場合も、整形手術で上品な鼻になり、顔全体もより美しくなりました。しかし、彼女は依然として自分を「醜いアヒルの子」のように振舞い、決して人前にでようとしなかったのです。彼女は自分のイメージ（観念）を変えようとしなかったのです。

私のメスが魔法の力をもっているなら、公爵夫人はなぜ変身しなかったのでしょうか。自分自身を変身させるのは、あくまでも自分自身なのです。もう一つ、こういう例もあります。ある患者さんは「傷跡はなくなりました。しかし、それは依然としてそこにあるのです」と言うのです。手の怪我がひどく、切断を余儀なくされた患者さんは、そうとう長期にわたって、その手が存在している感覚をもつということが知られています。

そうかと思うと、傷跡を誇りに思う人もいます。もう昔の話ですが、「サーベルの傷跡」を誇りにしている学生を見たことがあります。決闘者は学生社会のエリートで、顔の傷跡は名誉のシンボルなのです。傷は、ある人には栄誉を与え、ある人には劣等感を与えるのです。

このような例もあります。私の目からみれば、整形手術など必要のない方が、「私は人気女優の○○さんのように鼻が高くないので、ブスです」、だからなんとかして欲しいと言うのです。これも自分のイメージが自分を支配していることに気がついていない例です。この方に「そのようなことはありませんよ。いまのままで、あなたは十分すぎるほど素敵ですよ」と申し上げても、本人が納得しなければ、問題解決にはなりません。

自己イメージの秘密

もうお分かりのように、人間は「自分が考えている自分」の枠をどうしても抜けられないのです。だから、まず「あなたが考えているあなた」をありのまま、素直に知ることが大事です。その自己イメージが「プラスの思考」で形づくられていれば、あなたは「プラスの生活」ができます。反対に「マイナスの思考」でできていると、「マイナスの生活」しかできません。

と言っても、マイナス思考型と思える場合でも、悲観することは不必要です。それはあなた自身のイメージを変えれば済むことだからです。人はだれでも、心の底からよりよい生活を望むものです。幸福感とか充実感、満足感などは、よりよい生活として体験されるものです。そうした「生き甲斐」を感じることが度重なると、人はよりよい生活を楽しむことができるようになります。反対に、物事にくよくよしたり、自己嫌悪に陥ったりすることを重ねていくと、生命力を窒息させ、最低の生活しかできないことになります。

どちらの生き方をとったらいいか、答えはおのずから明らかでしょう。長い間、心理学者や精神病学者、文学者などが、人間の異常性にスポット・ライトを当て、研究成果や作品を発表したために、人間の「マイナス要素」を治すことはむずかしい、と考えている方が多いかも知れません。しかし、私の経験から、自己イメージを変えることは可能だ、と確信をもって申し上げたい。人にはみな、「生活本能」があり、それは創造的な仕組みとしてあなたに働きかけるからです。

サイバネティックスが解明した心の仕組み

「心」は得体の知れないものではなくて、脳と神経系からできている一種の仕組み（メカニズム）で、目標をもったときに効率的に作用するものです。これを解明したのは、サイバネティックスという学問です。たとえば、冷蔵庫にはサーモスタットがあって、一定の温度を保つように作用します。この場合、一定の温度に保つことが「目標」で、サーモスタットはそのように作用しているわけです。それと同様なことが人間の脳や神経系で行われている、というのです。しかもそれは、どんなコンピュータやミサイルよりも精巧にできているというのです。

この仕組みには人格などありません。あなたが設定した目標次第で、幸せを掴むようにも働くし、不幸を嘆くようにも作用するのです。「成功目標」をかかげれば「成功の仕組み」が働くし、「失敗目標」をかかげれば「失敗の仕組み」が自動的に作用するのです。したがって、働きかける目標とか対象、問題などをはっきりした形でもっていることが必要です。しかもそれは、一種の「創造の仕組み」でもあるわけです。目標の達成までにはさまざまな行動も生み出しますから、私たちが供給する知識やデータによっても左右されます。

充実した人生を送ろうと思えば、まず絶対に達成できるという目標を設定します。それを、段階的に小さな目標に分けていきます。その小さな目標を一つずつ達成していきます。そのつど達成して満足感を体験することになりますが、その間ずっと、最終目標を達成して満足している自分自身をイメージするのです。もちろん、その間に努力を惜しまないことが大事ですが、そうした一連の行動が「成功の仕組み」を動かし、「創造の仕組み」を働かせ、成功への道筋へと誘導するメカニズムが回転するのです。

換言すれば、目標達成への過程で小さな成功を積み重ね、あたかも成功への道を歩むことが当然のように振舞うことで、「成功の仕組み」が働くようにするのです。

2

「成功の仕組み」を活用する

生き物はみんな「創造的な想像力」をもっている

　春に生まれたリスは、まだ冬を知らないのに、秋になれば冬に備えてクルミの実をこまめに集め、蓄えます。渡り鳥は天気予報など分からないのに、時季が来れば何千キロも離れた場所に、間違いなく飛んで行きます。こうしたことは、動物がうまく環境に適応する本能をもっているからだ、と言われています。生きていくために、先天的に創られた仕組みと言ってよいでしょう。生存とか種の保存本能によって創られた仕組みなのです。換言すれば、それは「本能的に備わった成功の仕組み」なのです。

　しかし、人間の場合はちょっと違います。人間には、動物にない情緒的な、あるいは高次な精神的欲求があって、それを満足させようとします。したがって、人間の「成功の仕組み」は、動物のそれよりは、はるかに複雑にできています。それは、人間と他の動物との違いに由来します。たとえば、人間は火を使うとか、言語を操るといったことがそれです。しかし、最も大きな違いは、将来の自分自身をイメージすることができる、という点です。私は「はじめに」のなかで「成功とは、目標を自分が納得できる形で達成すること」だと述べました。目標を設定できるのは、将来の自分の姿をイメージし、目標達成のために想像力を働かせることができるということです。その意味では、「成功の仕組み」は人間にだけ与えられたものだと言えます。

グレン・クラークは「人間の能力のなかでは、想像力が最も神に近い能力である」と断言していますし、スコットランドの哲学者ドガルド・スチュアートは「人間らしい行動を生むのは想像力であり、それは人類の進歩に寄与しています。人類から想像力をとってしまうと、ただの動物にしかすぎません」と述べています。ナポレオンが「想像力が世界を支配する」と言ったのもうなずけます。

この「創造的な想像力」は、思想家や発明家、詩人といった人たちだけのものではありません。あなたにも、誰にもあるものです。そして「創造的な想像力」は、目標を与えられたときに効率よく働くのです。その仕組みの原理は、コンピュータやミサイルのそれと同じなのです。たとえばミサイルには目標地点に到達するように自動誘導装置がついていますが、人間にも目標を達成するための自動誘導装置があるのです。

人間行動の新しい見方——サイコサイバネティックス

人間がもっている「成功へのサーボ機構」（機械などが設計どおりに作動するようにする制御装置）は、二つの働きをもっています。

一つは、ある具体的な目標を達成するために、時間の経緯のなかで起こるさまざまな問題に的確に対応させ、必要な解答を見つけ出す考えやひらめきを引き出す働きです。もう一つは、目標をつねに見失わないように、自動的に目標へ行動を向けさせる誘導装置の働きです。

こうした人間の頭脳の特質をジョン・フォン・ノイマン博士は「人間の頭脳は、アナログ計算機とデジタル計算機の二つの特質をもっている」と、比喩的に述べています。つまり成功へのサーボ機構は、目標とか標的、答えのほうに自動的に舵をとって進むように精巧に創られているのです。ちなみに「サイバネティックス」という言葉は、ギリシャ語の「舵取り」という意味です。これが語源です。

私たちが、人間の脳と神経系をサイバネティックスの原理で動く成功へのサーボ機構の一種だと考えれば、人間の行動に対する新しい見方をもつことができます。私はこの考え方を「サイコサイバネティックス」と呼ぶことにしたいのです。前に私は、「心は脳と神経系からなる一種のシステム」と申し上げましたが、まさしく「サイコサイバネティックス」は、「心」についての新しい考え方と言ってよいと思います。

問題解決行動と問題発見行動

人が「目標」に向かって行動を起こすとき、脳や神経系は成功へのサーボ機構を働かせて、それを効率的に達成するように仕向けます。目標とか標的、答えが分かっている場合はそれでよいのですが、そうでない場合、つまり目標が判然としていないときにも、心はちゃんと働くのです。前者の場合は「問題解決のための行動」と言えますし、後者のそれは「問題発見のための行動」と言ってよいでしょう。

たとえば、自動誘導の魚雷や迎撃ミサイルは前者の例です。敵の戦艦とか爆撃機が標的です。こうした武器にはそれ自体を動かす装置がついているだけでなく、いつでも正しく標的に向かって行くようにレーダーがついていて、コースをはずすとサーボ機構が働いて、それを修正する指示電波（情報）が送られ、正しいコースに戻されるようになっています。

人間の場合を考えてみましょう。たとえば、野球のセンターがフライを捕る行動を想像してください。ピッチャーが投げ、バッターが打ちました。センター方向にフライが上がりました。すると、センターを守っている外野手は、ボールの速度、方向、落下地点などを一瞬のうちに計算し、走りだします。ナイス・キャッチです。この行動は「サイコサイバネティックス」の目で見れば、リモコンのミサイルとまったく同じなのです。

もう一つの「問題発見のための行動」は、多くの発見とか発明といわれるものがそれですが、それは問題意識をつねに働かせることから生まれるものです。たとえばニュートンは、リンゴが木から落ちるのを見て、天体力学の原理といわれる万有引力を発見しました。これなどは「リンゴの実はなぜ上から下へ落ちるのだろう」と考え続けた結果なのです。

こうした偉大な発見はともかく、私たちの日常生活のなかにも「問題発見のための行動」はいくらでもあります。たとえば度忘れした知人の名前を思い出そうとする行為もそれです。あなたの脳にある記憶のなかから正しい名前をとりだすまで、神経システムは検索を続けます。コンピュータの場合は情報がインプットされていないと、答えは出てきません。しかし、人間の場合は過去のどんなときに、いつ、どこで会った人かなどのちょっとした手がかりからでも名前を呼び起こさせるのです。

神経外科の権威ワイルダー・ペンフィールド博士は、脳の手術中にたまたま器具が患者の脳のある部分に触れたとき、その患者が子供のときに体験したことを口走った、ことを報告しています。人間は、本人ですら忘れてしまっている過去の出来事を脳に記憶しているのは事実で、その素晴らしさは神秘的といえます。私たちは、この素晴らしい脳を十分に活用していないだけなのです。

トーマス・A・エジソンは、「アイデアは大気のなかにあるのです。私が発明しなければ、だれかがいつの日か発明するでしょう」と語っています。デューク大学のJ・B・ライン博士は「人は個人的な学習や経験によって蓄えられた知識以外の知識を吸収することで知恵の容量を大きくします。それだけでなく、テレパシーとか透視、予見などといった超感覚的な方法で知恵の容量を大きくすることもあります」と述べています。人の心の働きは無限で、創造的ひらめきとか突然の開眼、神の啓示などは数多くあります。

人は失敗を忘れ、成功を記憶する

ノバート・ウィナー博士は「人間の問題解決行動は、リモコンのミサイルが標的めがけて飛んでいく行動と同じだ」と指摘しています。たとえば、人がテーブルの上にあるタバコを取る動作を考えてみましょう。

まず、タバコを取るために肩の筋肉を収縮させ、次に手の平を開く筋肉を動かし……などとは考えません。意識せずに手を伸ばし、何気なくタバコをつまみあげるでしょう。そこでは、サイコサイバネティックスでいう「自動的な成功の仕組み」が働くのです。

前述の野球のセンターの場合もそうです。打者のバットからはじき出されたボールの初速、仰角、落下地点……、これらを瞬時に計算し、などということはしません。カーンと音がしたら、もう反射的に体が動いています。理屈じゃないのです。サイコサイバネティックスの自動的な成功の仕組みが、すぐに働いてくれるのです。

ぜひ覚えておいて欲しいのは、人は失敗したことは忘れ、成功したことだけを記憶し、それを将来、活用するということです。体で成功を体験させると、成功が習慣になります。同じように、新しいアイデアを発見する場合も、「答えはどこかにある」と確信して探求すると、彼はもう半分以上答えを見つけたと言ってよいでしょう。

あなたが何かを生み出す仕事に取り掛かるとき、それがセールスであれ、詩作などの芸術活動であれ、スポーツであれ、達成すべき目標をもって始めるでしょう。なんであれ、本気で取り組もうと考えれば、問題を徹底的に検討するでしょう。そうなれば、あなたの「創造的な仕組み」は自動的に働きだすのです。それはコンピュータの情報検索に似ています。いや、もっと高次の知的活動といってよいでしょう。外部の情報とあなたがもっている知識や経験、事実などと融合させて「答え」を探し出すのです。

問題意識をもっていれば、あなたの「創造的な仕組み」は四六時中、自動的に働いて、それこそ夢の中ででも「答え」をひらめかせるのです。動物学者ルイス・アガレスの奥さんがこんな話をしてくれました。

「主人は、石のなかに化石になっている魚の正体を解明しようと一所懸命でした。ああでもないこうでもないと眺めて何日も考え込んでいましたが、よく分からなかったみたいです。とうとう疲れてしまい、眠ってしまったのです。すると、夢のなかでその魚の完全な姿をありありと見たのです。

朝になって、夢のお告げを手がかりに、魚の化石を取り出す作業にかかろうと、張り切って研究所に出かけました。しかし、いざ作業に取り掛かろうとしましたら、細部がぼんやりしていて駄目でした。その晩、また魚の夢をみました。しかし、目が覚めるとどうもいけません。どこかはっきりしないのです。

そこで、二度あることは三度あると確信し、翌晩は枕もとに紙と鉛筆を用意して寝たのです。すると明け方近く魚が夢に現れました。暗闇の中で、しかも夢うつつの状態で、魚の特徴をメモしたのです。

翌朝、スケッチしたメモを見て彼はびっくりしました。そこに石から抜け出した魚がいるではありませんか。彼は研究所に飛んで行って、スケッチを頼りに作業にかかりました。すると、どうでしょう。夢にみた魚の化石が姿をあらわしたのです」と。

実行せよ、そうすれば力があたえられる

人はたいていの場合、本人が考えているよりも、はるかに素晴らしい能力をもっているものです。それが「ほんとうのあなた」なのです。どうか、ほんとうのあなたを認識することから「充実した人生」を歩み始めてください。まず、「ほんとうのあなた」を表現する言葉を、具体的に列挙してみましょう。運動会のマラソンで五位にはいったこと、書道の展覧会で入選したこと、ゴルフのコンペで優勝したこと、こうした成功事例を列挙するのです。

すると、自分は「かなりやっているな」ということが理解できたと思います。自分は「成功人間」なのだ、と自己イメージすれば、あなたがもっている「成功の仕組み」が自動的に働いてくれるようになります。自動車を運転するのに自動車の設計者でなければいけない、ということはありません。普段のあなたでよいのです。ただし、次に述べる五つの基本原理だけは、しっかりと記憶しておいてください。そして最低三週間は、一週に三回ぐらいの頻度で、この章を熟読してください。

①あなたがもっている「成功へのサーボ機構」は、目標をもったとき、効率よく働きます。

目標は、達成可能で具体的なものにしましょう。

②あなたの「成功へのサーボ機構」は、目標達成のための手段を自動的に提供してくれます。方法や知識の組合せは、目標さえ与えられれば、自然と分かってきます。

③失敗したり間違ったりしても、心配は要りません。目標を達成するまでには、行動は多かれ少なかれ、試行錯誤するものです。成功へのサーボ機構は、目標へのコースを間違えた行動を取ったときに、制御機能が働いて修正行動を起こすのです。

④人間の脳と神経系は、過去に経験した間違いを忘れ、成功した行動だけを記憶します。そうすることで、継続的に成功を経験するようになるのです。

⑤「なにか」を生み出す創造の仕組みは、あなたの意識下で働きます。あなたはそれを信頼するだけで十分です。その創造の仕組みは、「現在、必要とされること」に、自動的に作用します。あなた自身は、そのことを気にする必要はありません。

「実行せよ、そうすれば力が与えられる」……、エマーソンの言葉です。

3

想像力を生かす

イメージがあなたを支配する

想像力は、多くの人が考える以上に、私たちの人生に重要な働きをするものです。私は整形外科医としてたくさんの患者さんを診てきましたが、たとえばこんな例もあります。四〇歳ぐらいの独身男性ですが、彼は毎日、会社から帰ると自室に引きこもり、外には出てこないという生活を繰り返していた、というのです。そんな具合ですから、勤めも長続きせず、職を転々とする有様でした。

彼の悩みは、ちょっと大きめの鼻と少々突き出た耳をもっている、ということだったのです。そして自分は物笑いの種にされている、と思い込んでいたのです。換言すれば、彼の豊かな想像力が、彼に災いしたのです。家族も彼のことを恥ずかしく思っている、と彼は想像していたのです。

心配した家族が、彼を私の診療所に連れてきたわけですが、私は一見して整形手術など必要としないことを感じました。彼に必要なのは、自己イメージを変えることでした。想像力をゆがめて使っていたので、彼の心の「成功へのサーボ機構」はマイナスの方向に作動していたのです。

幸い、私と何回か会っているうちに、彼自身の不幸の原因が何かに気づき始めました。

家族の思いやりもあって、彼の心の「成功へのサーボ機構」は破滅型の作用を徐々に弱め、創造型のプラスの働きをするように変わってきたのです。彼はほんとうの「自己イメージ」に気づき、行動にも自信が溢れるようになっていったのです。

「創造的な想像力」は、発明家や芸術家に特有のものではないのです。あなたの周りにいくらでもある問題なのです。私たちが行動したりしなかったりするのは、「意志」の力によるのではなく、創造的な想像力によって創られた「イメージ」がそうさせるのです。

人はどんな場合でも、自分が「こうだ」と思い込んだイメージに基づいて行動するのです。これは、人間の心の基本的な法則といってよいものです。その典型的な例は、催眠状態にある人間の行動が教えてくれます。完全な催眠状態にある人が、施術者から「いまあなたは北極にいます」と告げられると、被験者は寒そうに身震いするだけでなく、実際にも鳥肌がたつのです。また施術者が「これは真っ赤に焼けた火箸です」と言って、施術者の指を被験者に触れると、熱さに顔をゆがめるだけでなく、皮膚に火ぶくれができることさえありました。

このように、人間の脳と神経系は、想像上の体験と実際の体験を区別できないのです。どちらの場合も、あなたの脳が与えた情報によって、神経系が自動的に反応しているのです。

つまり、あなたの神経系は、あなたが「こうだ」と考えたことに素直に反応するのです。

セオドア・バーバー博士は、「催眠状態にある被験者は、施術者の言葉をほんとうだと信じたとき、理屈では考えることができない行動をとるのです。そこには神秘的な力が作用していると考えられたのですが、実際にはそうした超人的な力などあるわけはないのです。人間はもともとそうした「力」をもっているのです。被験者が「私は聴覚障害者だ」と信じると、あたかもそのように振舞うのです。「痛みには無感覚だ」と確信すると、麻酔をしなくても外科手術を受けられるのです。「ほんとうだ」と信じること、ないしは想像することが、私たちの行動を支配しているのです。

人は「思い込んだこと」に反応し、行動する

人間の脳と神経系は、状況に反応するようにできています。たとえば、山道で熊に出会ったとします。すると筋力を強めるアドレナリンが盛んに分泌し、利用できる血液はすべて筋肉に送られます。そして逃げ出します。理屈はいりません。それは「情緒的反応」と呼べるものです。認識とか思考に裏付けられた行動ではないのです。あなたが状況に対して抱いているイメージに反応して行動しているのです。

山道で出会った熊が、実は熊のぬいぐるみをつけた俳優だとしても、あなたが熊だと「思ったら」、同じように逃げ出すでしょう。人は状況をゆがめて認識したり、間違ったイメージを抱いたりすると、それに反応した行動も間違ったものになる、ということです。真実とか誤解といったことに関係なく、当人が「思い込んだこと」に反応して行動するのです。

実は、この実際の体験と思い込んだことを区別できないという脳と神経系の特性を活用して、あなたを「成功型人間」にすることが可能なのです。前に私たちが達成可能だと「思ったら」、それは実際に達成したのも同然と申しましたが、強く思う、つまり「イメージする」訓練が、成功の仕組みを自動的に働かせ、私たちを目標へと導いてくれるのです。

たとえばこんな実験があります。バスケット・ボールのフリー・スローに役立った「イメージ訓練」です。この場合、実験グループは三つに分けられました。第一のグループは、実際に二一日間、毎日フリー・スローの訓練をして、初日と最終日のスコアを記録しました。第二のグループは、初日と最終日のスコアは記録させましたが、その間の日は何もしませんでした。第三のグループは、初日のスコアを記録し、次の日からは毎日二〇分、フリー・スローをしている自分をイメージさせたのです。そして、最終日には実際にフリー・スローをさせ、記録しました。

この二一日間の実験の結果は次のとおりでした。

第一のグループは、フリー・スローの成功率が二四パーセント向上しました。

第二のグループは、なんらの進歩もみられませんでした。

第三のグループは、フリー・スローの成功率が二三パーセント向上しました。

イメージ訓練の効果は、スポーツに限ったことではありません。セールスの分野で著名なチャールズ・ロスは、「私のやり方を実行して、成績を三倍以上に伸ばしたセールスマンが大勢います。それは『一人ロール・プレーイング』と呼んでいる訓練法です。具体的にはこうやります。いろいろなセールスの場を想像して、お客様と対話するのです。こんな質問がでたらこう答えようということを、納得のいくまで繰り返し練習するのです。セールスの場面をイメージしながら一種の応酬話法の訓練をするのですが、実際にセールスにでると、その効果に驚くこと請け合いです」と話しています。

「イメージ訓練」の威力

ウィリアム・M・マーストン博士も、こんな話をしてくれました。「私は就職の相談にみえる若い人たちに〝下げいこ〟をしなさい、とアドバイスしています。面接の際に受けるであろうと思われる質問を想定して、それに答える練習をするのです。これをしておけば、たとえ想定した質問がでなかった場合でも、自発的に反応する練習をしたのですから、臨機応変な対応ができるようになります」と。

アルツール・シュナーベルは世界的に著名なコンサート・ピアニストですが、練習嫌いなことでも有名でした。どうして、あんな素晴らしい演奏ができるのですか、と聞かれると、彼は「私はいつも、頭のなかで練習していますから」と答えていました。ピアノ・レッスンの世界的権威であるC・G・コップも「ピアニストはもっと頭のなかで練習すべきだ」と言っています。

ゴルフの神様といわれるベン・ホーガンは、試合中に実際にボールを打つ前に球筋をイメージし、思いどおりにボールが飛んでいると感じる訓練をしたと言っています。ゴルフの場合は、ボールをどこへもっていくか、はっきりイメージできることが大事です。そしてグッド・ショットをした後の満足感をイメージできれば、後はあなたの心の「成功へのサーボ機構」がうまく筋肉を動かしてくれます。

「自己イメージ」のもち方が成功を呼ぶ

古今東西を問わず、成功した人たちはみな、やり方の差こそあれ、「イメージ」を上手に活用しています。それは、だれもがもっている「成功へのサーボ機構」を効果的に活用したということです。「成功へのサーボ機構」は、結果を見つめていて手段を自動的に調整する仕組みですから、新しい情報と知識を組み合わせることで、目標達成の方法を選んでいくのです。ということは、私たちの脳と神経系からなる「成功へのサーボ機構」は、目標をもったときに効率よく働くわけですから、成功者たちは自分が達成可能だと〝思い込んでいる〟目標をしっかりもっているということです。

換言すれば、「あなたが考えているあなた」が適切なもので、あなたが設定した目標が達成可能なものであれば、あなたは「成功して満足しているあなた」を心のなかでイメージするだけでよいのです。後はあなたがもっている創造型の「成功へのサーボ機構」にまかせるのです。

ハリー・グレーソン博士とレオナード・オリンガー博士は、イメージ訓練を精神病患者の療法に応用した例を報告しています。博士たちは、四五人の患者に「もしあなたが世間の典型的な常識人だとしたら、どうすればよいか」という質問をしたのです。三〇数人がよい答えを出しただけでなく、そのうちの数人は治療の点でも劇的な結果をもたらしたのです。患者たちは、「典型的な常識人」として質問に答えるためには、常識人はどのように振舞うかを想像し、常識人としての役割を果たす自分自身を想像しなければなりません。そのこと自体が「常識人として振舞い、常識人として感じさせることになった」としても、不思議ではありません。

「自己イメージは、人間の内なる力を引き出す最たるものだ」……アルバート・E・ウィガム博士の言葉です。

「ほんとうのあなた」を知れ……充実した人生の第一歩

自己イメージが大事だと言っても、虚構のあなたを想像してはいけません。それは、「私はダメ人間だ」とする劣等型のイメージと同じく不適切です。「ほんとうの自己イメージ」を描くことが大事なのです。

レスリー・D・ウェザーヘッド博士は、「私たちが自分自身をつまらない人間としてイメージするのは、くだらないことです。そのような間違ったイメージは、即刻捨て去るべきです。神は人間を、平和な楽しい生き物として創られたのです。他人に愛を分かち与える存在として創られたのです。よりよく成長する動物として創られたのです。敗北者として考えることは誤りです。その考えはすぐに捨て去るべきです」と述べています。

ハリー・E・フォスディック博士も「自分自身を敗北者として心に描くと、それだけであなたは勝利から見離されてしまいます。逆に勝利者としてイメージすれば、成功への道はおのずから開けてきます。充実した人生は、あなたがそれを想像することから始まるのです。何をしたいか、何になりたいかをイメージすることから始まるのです」と指摘しています。

具体的にはどうしたらよいか。まず、一日に二〇分、だれにも邪魔されない時間を創って、リラックスした状態のなかで、「成功して満足しているあなた」をイメージするのです。ひたすら、成功しているあなたを想像する訓練をするのです。その二〇分間に、快活に振舞っているあなた、そうありたいと望んでいるように振舞い、感じているあなたをイメージするのです。「いまから二〇分だけ、これから先、このように振舞う自分自身を想像する」、これで十分なのです。かくありたいと願うならどう行動するか……を想像してみるのです。はにかみ屋で引っ込み思案の性格を直したいなら、微笑をたたえ、ゆったりした表情で友達と談笑しているあなたを想像すればよいのです。

私の患者さんに、「歯医者さん恐怖症」の方がいました。彼女はこんなイメージ訓練をしたのです。治療室の消毒液のにおいや診察台の感覚、女医さんの表情などを細部にわたってイメージし、そのなかで痛みを感じないどころか、涼しい顔で治療を受けている自分を想像したのです。やがていつの間にか、「歯医者さん恐怖症」はなくなっていました。

この「イメージ訓練」を、三週間は続けてください。いままでと違ったあなたがそこにいることを発見して、きっとびっくりされるでしょう。いまのあなたは、過去のあなたが想像したあなたなのです。だから少し、過小評価しているきらいがあります。いまの「ほんとうのあなた」をイメージし直すことで、あなたの心にある「成功へのサーボ機構」は、プラスの方向に働くのです。

4

誤った「思い込み」を見直そう

過去の誤った考えを捨て去ろう

アルフレッド・アドラー博士が、少年時代のこんなエピソードを話してくれました。博士は小学生のとき、算数の成績がとても悪かったそうです。先生も彼のことを算数の苦手な生徒だと思っていましたし、先生から話を聞いて、両親もそう信じていたようです。しかしある日のこと、先生が黒板に書いた算数の問題を見て、彼はピカピカと閃いたのです。それはとてもむずかしい問題でした。

勢いよく手を上げたアルフレッドを見て、クラス中の友達がみんな笑い出しました。先生も、無理しなくてもいいのよ、といった表情をしました。クラスの友達は、彼が算数を苦手としていると思っていたからです。彼は教壇に上がると、スラスラと黒板に答えを書いたのです。先生も友達もびっくりしました。それ以来、彼も算数ができることに自信を覚え、算数も得意な生徒になったのです。

私の患者さんにも、同じような体験をした方がいます。彼は優秀な経営者で、とくに労使関係でユニークな業績をあげていました。それに関して、いろいろな会社から講演依頼がきましたが、「オレは風采もあがらないし、話も上手じゃないから、感銘を与える話など、とてもできない」と彼は思い込んでいました。一度、思い切って講演を引き受けたのですが、あがってしまって、大失敗をしました。

整形手術をして容貌を治せば自信がつくのではないかと思って私の所へ来たのですが、一見して問題は、彼の「思い込み」にあることが分かりました。あなたの業績を詳しく説明できるのは、あなたをおいて他にいないわけだから、それを多くのビジネスマンに伝えるのは有益なことですよ、あなたの容貌はなんの問題もありません、そう申し上げました。そして、「一人ロール・プレーイング」の話をしてあげました。聡明な彼は事の本質を悟り、のちに著名な講演者として知られるようになりました。

私が強調したいのは、自分自身に対する「思い込み」から目覚めることの重要さです。できが悪いと思い込んでいる生徒にとっては、悪い成績を取ることは「心休まること」なのです。良い成績を取ることは「悪いこと」なのです。思い込みが催眠術をかけているのです。どうか、アドラー博士が気づいたように、あなたも「ほんとうのあなた」に目覚めてください。

「そう信じていること」が「そうさせる」

セールスの分野で著名なエルマー・ホイラーが、こんな例を紹介しています。「ある会社の部長さんから、こんな相談を受けました。Aセールスマンはどの地域を担当させても、年間の成績はいつも同じだと言うのです。このセールスマンは最初、小さな担当地域を受けもっていたので、大きなテリトリーをまかせれば成績を上げるだろうと考え、そうしたのですが、コミッションは昨年と同じ五〇〇万円でした。しかし翌年は会社の方針でコミッションの割合を増やしたので収入を増やすと思ったのですが、この年も彼が得たコミッションは五〇〇万円でした。頭にきた会社はだれが担当しても成績の上がらない地域を割り当てたのですが、この年も彼の得たコミッションは五〇〇万円でした」と言うのです。

ホイラー氏がそのセールスマンに会って話を聞くと、問題はテリトリーにあるのではなくて、彼の「思い込み」にあることが分かりました。「オレは一年間に五〇〇万円ぐらいを稼ぐ人間だ」と思い込んでいたのです。彼は、割の悪い地域を与えられると、死に物狂いで働いたのです。しかし、いいテリトリーを与えられて成績が五〇〇万円近くなると、急に怠けるようになってしまうのです。そして五〇〇万円という目標額が達成されると、彼は病気になり、医者はどこも悪くないというのですが、その年はそれ以上働こうとしないのです。しかし、翌年度の仕事が始まるときになると、奇跡的に病気は治ってしまうのです。

私の患者さんの例です。ラッセル氏には恋人がいました。彼女は、自分のためにお金を使ってくれることには反対しないタイプの女性で、ラッセル氏を愛してはいるけれど、彼の下唇が大きすぎるので結婚はできない、と言っているとかで、私の所へ来たわけです。それまで、その恋人のために蓄えの大半を使ってしまっていた彼は、最後の切り札として自分の顔を整形しようと思い立ったのです。

手術は成功しました。彼はうきうきとした気分で彼女に会い、手術のことを話しました。すると、彼女はこう言ったのです。「あんた馬鹿じゃないの。貯金をはたいて整形手術するなんて。そんな人とはもう付き合えないわ。第一、あんたなんか愛していないのだもの。いろいろしてくれるので、付き合っていただけよ」と。

ここまでは「よくある話」ですが、彼女は続けて、「あんたに〝ブーズーの呪い〟をかけてやる」とヒステリックに叫んだそうです。ラッセル氏も彼女も西インド諸島の出身で、その島では、ブーズー教が信仰されていたのです。もちろんラッセル氏は大学も出ている教養人で、そんな呪いなど迷信に過ぎないと思っていたのですが、しばらくすると唇の内側に小さい「しこり」ができていることに気づいたのです。そして恋人だった彼女の呪いを思い出したのです。

ブーズーの呪いを知っている友人に相談したら、教祖に診てもらったら、と言うので、彼は出かけていきました。すると「しこりはアフリカ南京虫で、それは徐々にあなたの活力を食い尽くすだろう」と言われたのです。ラッセル氏はその言葉を「信じた」ので、じきに食欲をなくし、眠れなくなり、やせ衰えてしまいました。

数週間経って私の所に来たラッセル氏は、見る影もないほど変わり果てていました。私は彼の唇を診察して、「三〇分以内にアフリカ南京虫を除去します」と言ってやりました。その「しこり」は手術のときにできた傷痕組織でした。切り取ってやればすぐに治るものです。私はそれを切り取って、彼に見せました。ここで大事なことは、彼がアフリカ南京虫と「信じていた」ものが、実は傷痕組織だと否定しても、なんの効果もないということです。むしろ、アフリカ南京虫を除去したと信じさせることのほうが、重要な意味をもつのです。

「さあ、もう、あなたの心配の種は取り除きましたよ。食欲もでてきますし、すぐに健康になります」。ラッセル氏は私のこの言葉を「信じ」、安堵の息をもらしました。

数週間後、ラッセル氏から手紙があり、故郷に帰り幼馴染の娘さんと結婚したことが書かれていました。同封の写真には「幸せいっぱいの男」が写っており、それは、まぎれもなく私が最初に会ったあのラッセル氏でした。サイコサイバネティックス流に言うならば、ラッセル氏の「思い込み」が、数日で彼を二〇歳も老けさせ、健全な考え方に目覚めたとき、二〇歳若返らしたのです。

催眠術が教えてくれる「あなたの能力」

たとえば、重量挙げの選手が催眠状態にあるとしましょう。施術者が「あなたはそこにある鉛筆を持ち上げることができません」と告げます。すると、いつもなら四〇〇ポンドもあるバーベルを苦もなく持ち上げる怪力の持ち主なのに、彼はその鉛筆を持ち上げることができないのです。

あるいは催眠状態にある被験者がアメリカン・フットボールの選手だとしましょう。アメリカン・フットボールは、ゲーム開始直前に腰をかがめ、片手を地面につけて用意し、審判の合図と同時に飛び出します。その姿勢にしておいて、施術者が「あなたの手は地面についたままで離すことはできない」と告げます。すると、その選手は必死になってスタートしようとしますが、彼の手は根が生えたように動かないのです。

反対に、五〇キロの握力をもった選手が催眠術をかけられ、「あなたは力強い男になった。握力も六〇キロは軽く超える」と告げられ、催眠を解かれます。その後で握力を測定しましたら、なんと六二キロもあった、という例もあります。この場合も、彼は催眠術によって力を与えられたわけではないのです。この選手は、「オレの握力は五〇キロぐらいだ」と思い込んでいただけなのです。催眠術はその心理的障害を取り除いて、本来彼がもっている力を出すように、彼の脳が神経系に指令を出しただけなのです。

バーバー博士も「ドモリが流暢にしゃべるようになる、引っ込み思案の男が快活な人間になり、名演説をやってのける、算数の苦手な生徒が三桁の掛け算を暗算で苦もなくする……、こうしたことを目撃すると、催眠術は魔法の一種かと思うほどです。しかし、事実はそうではないのです。被験者は、もともとこうした能力をもっていたのです。ただ、そうした能力が自分に備わっていることに気づいていなかっただけなのです。できないと思い込んでいただけなのです」と述べています。

サイコサイバネティックス流に言えば、施術者が催眠術をかけたというよりも、本来彼らがもっている力を催眠状態にして「目覚めさせた」というほうが正確でしょう。あなたがもっている「心の仕組み」はもともと、成功をおさめる上で必要な能力を備えているのです。あなたはただ、目標を定め、それを達成して満足しているあなたを想像するだけで十分なのです。

他人と比較しない

私たちは、オリンピックで金メダルを手にする選手と競争しても勝てないことを知っています。だからと言って、私たちは劣等感を抱くこともないし、生活に支障をきたすこともありません。私は整形外科医ですから、手術で顔の傷を治すことができます。しかし、普通の方にはできません。そうかと言って、私はその方たちが私より劣っているとは思っていません。人それぞれ、長所もあれば欠点もあります。「あなた」はこの世でたった一人の存在で、他の人とは「同じ」ではないのです。神は「人間とはこういうものだ」と決め付ける創り方はしなかったのです。

それなのに、ほとんどの人は多かれ少なかれ劣等感をもっています。そのために損をしたり、幸せを逃がしたりしています。なぜでしょうか。劣等感は事実や体験によってではなく、それらに対する私たち自身の「評価」によって創られるものです。それはどのような「基準」で評価されるかというと、「自分自身の基準」ではなく、「他人の基準」で測られるのです。「他人の基準」で自分をみるので、他人より劣っていると感じる場合が生じるのです。一種の催眠術を自分自身に掛けているのです。

エイブラハム・リンカーンは「神はありふれた人を愛し給うたに違いない。なぜなら、ありふれた人たちをあれほど多く創り給うたから」と述べましたが、ほんとうは「神は異なった人びとを愛し給うたに違いない。なぜなら、個性をもった人たちをあれほど多く創り給うたから」と言うべきだったのです。標準化された人間はいないのです。

こんな実験があります。こうすると劣等感を必ず植え付けることができるという実験です。心理学的に言えば、「平均」なるものを設定して、被験者がそれ以下だと確信させる方法です。たとえば「これから解いてもらう問題は五〇分でやってもらいますが、普通の人ですと一〇分でできる問題です。一応、一〇分経ったらベルを鳴らしてお知らせします。では始めてください」この問題、実は一〇分ではできない問題なのです。これで、できのいい生徒の何人かは、イライラしだすこと請け合いです。

精神病学者のノートン・L・ウィリアム博士は「現代人の不安は〝自己実現〟をできないことから生じています。人間は、神が創られた個性をもった存在であることを信じ、その個性を発揮することで、他人（社会）に建設的な影響を与えることができる、と感じ取ることが大事です」と述べています。あなたは、いつでもどこでも「あなた」で、他人の目や言動に惑わされることなど必要ないのです。

「暗示の力」を上手に活用する

あなたが「ほんとうのあなた」を誤解しているとしたら、誤りを正すことに躊躇してはいけません。間違った自己催眠を解くには、くつろいだ時間を創り、イメージ訓練をしましょう。このとき、注意したいことがあります。私たちがもっている自己イメージは、良かれ悪しかれ歳月をかけて創られたものです。習慣と同じように、意志の力を働かせて創ったものではありません。したがって、自己催眠から目覚め、「ほんとうのあなた」をイメージする際にも、同様の過程をとることが肝要です。具体的には、一日に二〇分間、くつろいだ時間を創り、それを少なくとも三週間、実行しましょう。

ナイト・ダンロップ博士は、習慣と学習の関係論の権威ですが、新しい習慣を身につけようとする場合、最も障害になるのは「そうしようと努力すること」だと述べ、悪い習慣を直す最良の方法は「自分が達成したいと願う目標をもつこと、それを達成して満足感に浸っている自分の姿をイメージすること」だと説いています。そして「良い習慣を身につけるには、具体的な行動の結果としての目標がはっきり分かっていることが、学習の成果を確実にします」と指摘しています。

悪い習慣を直す場合、あるいは考え方を変える場合、努力しようとか強い意志力で達成しようとすることは「百害あって一利なし」です。エミール・クエは「あなたの目標は、それが手の届くものであれば、努力しないでも達成できます」と言って〝暗示の力〟を強調し、「意志と想像が喧嘩したら、勝つのはいつでも想像だ」という有名な言葉を残しました。

マシュー・N・チャペル博士は「心配と戦うことは、心配を長引かせるだけだ」と述べ、〝心の安らぎ〟を得ようとするなら、身体をくつろがせる訓練をするほうが賢明です、と忠告しています。まず、安楽椅子にゆったりと腰掛けるか、ベッドにあおむけに寝ます。顎の力を抜き、手や足を弛緩させます。楽な気持ちで二〇分ほどあなたが達成したいと願う目標をイメージしてください。そしてそれを達成して満足しているあなたを想像してください。その間、過去に経験した心楽しい出来事を思い出すのも良いでしょう。

5

理性の力を活用する

間違った行動は忘れ、正しい行動を記憶する

考え方や行動を変える場合、理性の力を活用すると良い。理性は、道理に適った判断をしたり、行動したりする能力ですが、あなたがもっている心の「成功へのサーボ機構」を動かすスイッチでもあるのです。前にも述べましたが、心の「成功へのサーボ機構」は、あなたがもっているイメージをデータにして動くシステムです。理性そのものは直接、心の「成功へのサーボ機構」に命令を出して動かすことはできませんが、納得できる目標を設定するのに役立つことで、間接的に心の「成功へのサーボ機構」を動かすのです。

悲観的な生活をしていると、あなたの心の「成功へのサーボ機構」は、マイナスの行動を生むように働きます。しかし、思い出してください。行動は、試行錯誤を繰り返しながら、換言すれば間違った行動は忘れ、正しい行動だけを記憶しながら、目標に向かうものです。その間に理性が働いて、徐々にプラスの行動だけをとるようになるのです。

幸せになれない人は、たえず頭のなかで過去の失敗を後悔し、自分を責めているのです。私の患者さんにも、こんな方がいました。彼女は生まれつき顔に傷がありました。それを苦にしていじけた性格になり、友達も作れませんでした。自分みたいな女はだれも怖がって、友達になってくれる人はいないと思い込んでいたのです。

整形手術で容貌の問題は解決したのですが、彼女の生活態度は依然として変わらなかったのです。友好的に生きようと努力もしたようですが、気むずかしさや人を遠ざけていた生活態度が残っていて、幸せにはなれないと思い込んでいたようでした。しかし、不幸なことを想像する生活に決別するまで時間はかかりましたが、理性が働いたのでしょう、自己イメージを変えることに成功して、いまは充実した人生を楽しんでいます。

過去の失敗をいつまでも引きずっていては、問題解決はできません。それどころか、「私は昨日失敗した、また明日も失敗するかも」などと意識すると、事態はもっと悪くなります。状況から結論を引き出し、意識を集中して目標をイメージするのは「思考」です。マイナスの思考は失敗の歯止めにはなりますが、プラスの導火線にはならないのです。マイナスの過去は未来の問題に役立つことはないのです。過去にこだわるのをやめ、心の「成功へのサーボ機構」をプラスの方向に変えたとき、失敗の傷跡はなくなるのです。

日常生活における自己催眠の効力

前に催眠術の話をしました。内気で引っ込み思案の人が催眠術をかけられ、自分が快活で自信に満ちた雄弁家だと信じ、そう思い込んだとき、彼の行動は変わります。信じ、思い込んだとおりに行動します。過去のマイナス要素など、少しも考えていません。

女流作家ドロシー・ブランドは、その著書のなかで、自分が作家として成功した秘密をこう語っています。「あるとき、催眠術の公開実演を見ました。好奇心に駆られ、心理学者F・H・マイヤーズの著書を読んだのです。そのなかに、催眠術の被験者が才能や力を発揮するのは、催眠状態にある間、過去の失敗を〝忘れている〟からだ、と書いてありました。もし、そうしたことが可能なら、なぜ人びとは普段の状態でも過去の失敗を無視し、〝失敗するなんて考えられないことだ〟と自分に言い聞かせて、そのもてる力を発揮しないのでしょうか。

そこで私自身が、それをやってみようと思い立ったのです。あたかも〝私には優れた文才があり、表現力がある〟ように振舞ったのです。一年経ってみると、私の執筆量は数倍になっていました。おまけに、人前で上手に話をしている自分を発見しました。考えてみますと、以前はどちらかと言うと講演嫌いで、講演の才能があるなどと考えたことは一度もありませんでした。おかげさまで収入も増えましたよ」と。

バートランド・ラッセルは、その著書『幸福をつかめ』のなかで、こう述べています。

「私は清教徒の教育を受けたので、自分の罪や愚かさを反省する習慣をもっていました。

それがどうも私を不幸にしていたようです。人生をはかなみ、何度も自殺したいと思いました。それをためらったのは、私には数学をもっと究めたいという欲求があったからです。そのうち私は、自身の欠点に無関心になることを学びました。私はだんだん現実の問題や学問、人間に興味をもつようになっていきました。

子供のときに吹き込まれたマイナスの暗示みたいなものは、変えることができます。それが原因で自責の念に駆られるようなことがあれば、理性の刀で断ち切るのです。理性の力が強ければ、マイナス・イメージは忘れることができます。そして、理性が告げていることを、深く感じることが大事なのです。

たいていの人は、幼児のときの思い違いから脱皮できたと思ったとたん、能事《のうじ》足《た》れりとしてしまいます。それがまだ、潜在意識のなかにあることを理解していないのです。理性で割り切れたら、その結論をとことんまで追求するのです。理性が指し示している正しいことを信じ、不合理なことはあなたの頭から抹殺してしまうのです。それが、子供から大人に成長するということです」と。

自尊心と信念をもつ

私の患者さんの例です。彼はセールスマンですが、大物と言われている方に会いに行こうとすると、足ががくがくと震えると言うのです。

そこで私は、聞いてみました。

「あなたはヘイコラしながら、偉い人の事務室に入って行くのですか」

「いや、そんなことはしません」

「じゃあ、なぜ、はいつくばるような気持ちをもって入って行くのですか」

「いや、そんなこと、思ったことはありません」

こんな質問もしてみました。

「その人の事務室に入って行くとき、乞食のように手を出して、コーヒー代をお恵みください、などとやるのですか」

「まさか、そんな」

「でしょう。でもね、本質的には私が申し上げたことと同じことをやっているのですよ。あなた自身が認められたいと願っているわけです。そんな必要がありますか。セールスはもともと商品の価値を提供し、その対価を受け取る。事実関係はそれだけです。その商品が必要かどうかは、買い手が決めることです。あなたが思い煩《わずら》うことはありません」。

　幸い彼は、「事の本質」に気づいて、以後はどんなに偉い人に会っても、足が震えることはなくなったそうです。「やるだけはやってます」という自負心と「人から馬鹿にされるようなことはしていない」という信念が、成功のカギなのです。

　マイナス要素をもった考え方には、成功をダメにしてしまう〝なにものか〟があります。それは「常識」と云われるもののなかにもあります。「私は罪深い人間だ」とか「だれも自分のことばかり考えていて、私のことなど気にしてくれない」とか「玄関を出たら七人の敵がいる」などということを、わけもなくほんとうだと信じ込んでいませんか。

感情や行動は、考え方の表現

　人間の感情や行動は、考え方を表現したものです。その考え方にマイナスの要素があれば、きれいさっぱり、忘れることです。たとえば、あなたにはやりたい事があるのに、「私にはできない」と思い込んでいたら、まず「なぜ」だと、自問自答してみましょう。その順序はこうです。「この考え方は事実に基づいているか」、「推測によるのだろうか」、「間違った考え方を出発点としていないだろうか」、この三点です。そして次に、こう自問自答するのです。

「こう考えることに、正当な理由があるのだろうか」

「そう考えることに、誤りはないだろうか」

「同じような状況下におかれたら、他の人も同じように考えるだろうか」

「そう信じて良い理由がないのに、なぜそれが真実であるかのように振舞わなければならないのか」

ときには怒ることも、効果があります。ある農夫は、畑仕事をしている最中にタバコを家に忘れてきたことに気づき、二キロ離れた家にタバコを取りに行こうとしたのですが、馬鹿げているなと思い、急に怒りを覚え、それ以来タバコをやめてしまいました。

私の友人は四〇歳のとき事業に失敗して、自分は無能力なのじゃないか、と悩んでいたのですが、あるとき有望なビジネスになりそうな話があり、それを手がけようと思いました。ところが奥さんがえらく反対したのです。また失敗すると言うのです。奥さんのその反論を聞いているうちに彼はだんだん腹がたってきて、身内からファイトが湧いてきました。そして、「オレは断固としてやるぞ」と強く決意したのです。そう思ったとき、道は開けたと話してくれました。いままでは三つの事業を手がけており、そのどれも成功をおさめています。

プラス・イメージが成功をもたらす

前にも述べましたが、あなたがそうありたいと思うことをイメージし、それが達成できて満足している自分を想像する、この言葉を肝に銘じてください。そうありたいと強く望むのです。それを頭のなかで繰り返すのです。この点さえ理解すれば、問題解決は簡単です。望ましい未来を想像し、成功して満足している自分の姿をイメージするのです。

脳と神経系からなる心の「成功へのサーボ機構」は、イメージの指令には忠実で、しかも人格をもたない、ということを思い出してください。ということは、あなたのそれをプラスのスイッチで働くようにしておくのです。

さらに、あなたがすることは、目標をたえずイメージし、それを達成したいと強く望み続けることです。ひとつ注意すべき点は、その目標があなたにとって〝達成可能な目標〟でなければならない、ということだけです。

このイメージ訓練を繰り返しているうちに、目標はますます現実味を帯びてきます。そうなれば、あなたの行動も自動的に「良い情動」に支配されるようになります。恐怖や不安、失望といったマイナス要素をもった考え方は、勇気と希望、幸せに満ちたプラス要素をもった考え方に置き換わっていきます。ナイト・ダンロップ博士も「プラス・イメージを描く習慣を身につけるためには、考え方をプラスの言葉で埋め尽くすことが肝要です。人は、その心のなかで考えたとおりの人として存在しているのです。それ以上でもなければ、それ以下でもないのです」と述べています。

心の「成功へのサーボ機構」は、あなたが設定する目標によって、成功するようにも、反対に失敗するようにも、作用するのです。その働きは機械のそれとまったく同じで、血も涙もありません。目標達成までの過程でインプットされる情報がマイナス・イメージでできていれば失敗を、プラス・イメージでできていれば成功をもたらすだけです。心の「成功へのサーボ機構」はデータに忠実に反応するだけです。

その意味では、事実関係を正しく知り、状況を的確に把握し、プラスの考えを生み出す理性の力は重要です。私たちはおおむね自分自身を過小評価しており、直面している状況を過大評価しています。エミール・クエが言うように「あなたがしなければならないことは、〝簡単にできると思う〟ことです。そうすれば事は容易になる」のです。

マイナス思考をプラス思考に変える

心理学者のダニエル・ジョセリン博士は「私は、意識的に努力することが思考の硬直化をもたらすのはどうしてか、いろいろ実験しました。具体的に申しますと、普段はとても上手に話をする人が、大勢の人を前にして話すとあまり上手くない、ということがあります。それはどうしてか、という問題です。実験の結論はこうです。人は事態を深刻に受け取るあまり、いわゆる『かたく』なるのです。話をするということは、相手が二〜三人であろうと、数百人であろうと関係ない、ということに気がつけば、問題は解決するのです」と述べている。

物事の本質というか、ほんとうの姿を知るには、理性の力が必要です。たとえば月曜日の朝、出社して同僚と挨拶を交わしたとします。そのとき、相手が何気なく「元気がなさそうね、どうかしたの」と言ったとします。そのとき、『そうかな』などと考えてはいけないのです。自分の体調をいちばん知っているのはあなたです。『そうかな』と思うことは、相手のマイナス言葉を暗示として受け取ってしまうことになるのでいけないのです。

「必ずしもそうとは限らない」と考えるのも、良い方法です。たとえば、「あなた、ピアノ弾けますか」と聞かれて、ある人は「分かりません」と答えたそうです。「分からないって、どういうこと？」と重ねて聞かれた彼は「私はまだピアノを弾いたことがないので」と返事したというのです。過去にピアノを弾いたことがない、だから私はピアノが弾けないと考えるのは、論理的に正しいはずがないことは明らかです。だれだって、最初は弾けなかったのですから。

第二次大戦中のことです。イタリア侵攻作戦で連合軍が敵前上陸を敢行することになったとき、アイゼンハワー元帥が側近の参謀に「もし、連合軍が海に押し戻される事態になったら、どうしますか」と聞かれたそうです。すると元帥は「そりゃ困ったことになるな。しかし、私の心がそんなふうに考えることは許さないよ」と答えたと言うのです。

あなたが掌中にしたいと望んでいる目標を定め、それを掴みとる努力をする、その推進役は理性の力です。望んでもいないことに意識を集中させ、時間と努力を浪費するのは馬鹿げた話です。野球の例で言えば、バッターはヒットを打つという目標をもってバッター・ボックスに入ります。ピッチャーの投げるボールのスピード、高さ、コース、変化具合、それらに対応するのは心の「成功へのサーボ機構」にまかせればいいのですが、ボールから目を離したらヒットを打てる確率はぐんと悪くなります。その「ボールから目を離さない行為」、それが理性の働きなのです。

私たちの心の「成功へのサーボ機構」は、無意識の世界で働いています。意識して創造の仕組みを働かせようとしても、できないのです。そして、努力しても達成できないがゆえに、イライラしたり、欲求不満に陥ったりするのです。それよりも、達成可能な目標を設定し、それを達成して満足している自分をイメージするのです。強く望むのです。その過程では理性を働かせて状況を判断し、問題に対応するのです。そうすれば心の「成功へのサーボ機構」は、自動的にあなたを成功に導いてくれます。その働きそのものは目で見ることはできませんが、信じるに足るものです。

6

リラックスが成功を生む

「明日を思い煩うことなかれ」――キリスト

もういまでは「ストレス」という言葉は、日常用語になっています。不安や心配、不眠症、胃潰瘍などの言葉は、生活のなかで避けがたいものになっています。しかし創造主は、どんな時代でも上手に生きていける術を用意してくれています。その単純な事実さえ認めれば、つまり創造の仕組みを信じれば、私たちは気苦労とか心配、不安などから解放されることは目に見えています。

人には右脳と左脳があり、右脳は主として感覚に関係しています。それに対して左脳は知覚に関係しています。心の「成功へのサーボ機構」は右脳が働かせますが、論理的思考は左脳が働かせます。たとえば、人びとは明らかにあらゆる問題を、意識的な思考で解決しようとします。しかし、キリストは「考えること」で身長を伸ばすことはできない、と説いていますし、ウィナー博士も意識的な思考ないし意志では、テーブルの上にあるタバコをつまむことはできない、と述べています。

人は左脳に頼り過ぎるために、結果について気を使い過ぎ、不安に恐れおののくのです。「明日を思い煩うことなかれ」というキリストの教えや、「何事も気にするな」というセント・パウロの言葉を忘れているのです。

アメリカの心理学者ウィリアム・ジェームス博士は「私たちが一連の観念や意志の働きを効果的なものにしたいと望むなら、『そんなことをしたら良い結果は得られないよ』といった先入観をまず捨てるべきです。思慮分別とか自尊心といった感情は、私たちが生きていく上で重要な役割を果たしていますが、なにかを決定するとか計画をたてるときには、それらはなるべく考えないことです。いったん決定し、実行する手順が整ったら、理性の負担になることは忘れ去り、結果だけを考えていれば良いのです。つまり、あなたの知的な心の仕組みを自由にしておくのです。そうすれば、得られる結果は数倍良くなります」と説いています。

気分転換の効用

ジェームス博士は「結果を心配し過ぎて失敗するのは愚の骨頂です。それは簡単に直せるものです」とも述べています。長い間、心痛とか不安、劣等感、罪の意識といったことから逃れようと意識的に努力しながら失敗した人たちが、「もう思い煩うことは止めた」と決めて以来、成功が向こうからやってきたという例はいくらでもあります。

ジェームス博士は「悪い結果になるんじゃないか、と思い煩っているときには、いったんその問題を放り出して『もうオレは知らんよ』と言って心身をリラックスさせてしまうのです。あなたを縛り付けているとあなたが感じていることをかなぐり捨て、執着することを止めてしまうのです。成功への道はそこから開けます。あなた自身が気づいていない緊張感に休息を与え、より素晴らしい『創造の仕組み』を発見させるのです。努力を放棄したときに出てくる再活性化現象は、楽観と期待を交えてゆっくりと生ずることもありますし、突如として現れることもあります。また、その成果が大きいことも小さいこともありますが、人間が本来的にもっている確かな事実であることは間違いありません」とも述べています。

こうしたことは、作家や発明家などの創造的な仕事をしている人たちが、経験的に証明しています。創造的なアイデアは、左脳の働きで出てくるのではなくて、意識が問題を離れたとき、あるいは何か他のことを考えているときに、なんとなく、たいていの場合は突然浮かんでくるものです。インスピレーションや予感といったものは、問題を解いたり答えを得ることに強い関心をもっていなければ出てこないものですが、論理的な思考回路を通って出てくるものでもないのです。

意識して考え、あらゆる情報を集め、可能性を考え、燃えるような情熱を傾注しないと、創造的なアイデアは生まれないと思いますが、それだけで事足りるかというと、そうでもないのです。インスピレーションは、私たちが想像もしない何かがもたらすものです。問題が明らかになり、目標が分かったら、思い悩むことをせずに、いったん別のことを考えるか、リラックスして何も考えないという気分転換が良い結果をもたらすことも覚えておきましょう。

トーマス・エジソンは、問題解決の妙案が浮かばないときには、横になって仮眠をとったことでも有名です。チャールズ・ダーウィンは『種の起源』のある部分を書く構想がまとまらないまま数ヵ月が経ったある日のことを、こう書いています。「私は馬車のなかから見たその景色をいまでも覚えています。そのとき、突如として構想が閃《ひらめ》いたのです」と。

NBCの会長だったレノー・ロア氏は、仕事のアイデアについて、こう話しています。「私の経験では、気がかりになることがなく、心がゆったりとして自在に働くようになっているときに、アイデアは浮かんでくるように思います。たとえば髭をそっているときとか、車を運転しているときとか、魚を釣っているときなどに浮かぶのです。友だちとおしゃべりに夢中になっていたときに浮かんだアイデアもあります。私が自慢できるアイデアのいくつかは、仕事とはまったく関係のないときに得られたものです」と。

ゼネラル・エレクトリック社の主任研究員C・G・スーツ氏は「研究室で思いついたアイデアは、一所懸命に事実を集め、考えを煮詰めたあとの休憩時間にほっとしているときに、なんとなく閃くものです」と述べています。

バートランド・ラッセルは「たとえば何かむずかしいテーマで評論を書かなければならないとしたら、数時間でも数日でもいいのですが、その問題を突き詰めて考えます。それが終わったら『あとは意識しないでおこう』と自分に言い聞かせて忘れちゃうのです。しばらく経ってからそのテーマを考えてみると、もう仕事が済んでいることに気づくものです。私がこのテクニックを思いつく以前は、その間はただイライラして過ごすだけでした。それで問題が解決するわけではなかったのです。その間の時間は浪費されていたわけです。しかし、このやり方を知ってからは、その間は別の仕事に没頭できるようになりました」と述べています。

成功の仕組みが創造を生む

「思いがけないときにアイデアが閃く」のは、作家や発明家の専売特許だと思っていませんか。主婦でも先生でも、ビジネスマンでも、みんな創造的な仕事をしているものです。

それに関連して、だれでも心に成功の仕組みをもっているのです。それを個人的な問題やビジネスの問題に使っているのです。たとえば詩を書くのも、発明の仕事に取り組むのも、同じく創造活動なのです。

それだけではありません。あなたの心の成功の仕組みは、創造的なアイデアを生むだけでなく、創造的な活動も生み出します。スポーツであれ芸術であれ、ビジネスであれ、事を成就させるのは意識的な思考ではなく、無意識な世界で働く心の「成功へのサーボ機構」なのです。世界に名を知られたピアニストでさえ、演奏中にどの指がどのキーを叩いたらいいか、などと意識しているわけではありません。練習中は意識しているかも知れませんが、演奏中は譜面を見ていれば、無意識のうちに指が動くように「演奏を成功させる仕組み」を完成させているのです。

それは、創造の仕組みと言っても良いものです。それを効率良く働かせる五つのルールを紹介しましょう。

1　悩むなら、ルーレットが回り始めてからではなく、賭ける前に悩め

私はある実業家にジェームス博士の言葉を話してあげたことがあります。「いったん決

定し、実行する手順が整ったら、理性の負担になるようなことは忘れ去り、結果だけを考えていれば良いのです。つまり、あなたの知的な心の仕組みを自由にしておくのです」という話です。

それから数週間経ったある日、彼が勢い込んで診療所に飛び込んで来たのです。

「先生、この間ラスベガスに行ったのですが、そのとき突然閃いたのです。いまではそれを実行していますし、効果は抜群です」

「何が閃いたのですか？　何が効果的なのですか？」

「ウィリアム・ジェームス博士の話ですよ。お話を伺ったときにはさして気に留めなかったのですが、ルーレットをやっているのを見ていて思い出したのです。私は、賭け金を置く前は穏やかな表情をしていた人たちが、ルーレットが回りだすやいなや、目を血走らせて自分の数字の所に球が止まるかどうか、やきもきしているのです。

実に馬鹿げていると思いましたよ。そんなことを気にするのは、賭け金を置く前にすべきです。今回は止めておこうという決定だって、できるわけです。ルーレットが回りだしてから思い悩むのはなんの意味もないし、エネルギーを浪費するだけです。リラックスして楽しんだほうがましです。

そのとき、私はハッとしました。事業でも私生活でも、私はそこにいた人たちと同じことをしていたことに気づいたのです。私は適切な準備もせずに、また最善と思われる選択もせずに行動していたのです。そして結果はどうなるだろうかと、思い煩っていたのです。

そこで私は今後、周到に準備してから決定し、いったん決定してルーレットが回り始めたら、理性の負担になることは思うまい、と決心しました。信じていただけないかも知れませんが、私はそれ以来、気分もすぐれ、よく眠れますし、元気に仕事もしています。事業のほうも順調です。

私生活の面でも効果が現れています。たとえば歯医者さん、あのガーッという音、だれでも憂鬱になりますよね。そのようなときでも、私は自分にこう言い聞かせるのです。あの不愉快さが嫌なら行かない決定をすればよい。しかし行く必要があれば、煩わしさは忘れるべきだ、と。すると意外にもあの音も気にならなくなりました。

重役会で話をしなければならない前の晩などは、いままではあれこれ思い悩んだものでした。しかし、あの日からは違いました。この話をしようと決めたら、後は思い悩むことはないのです。体を連れて行くなら、心もいっしょに連れて行け、といった調子です。地域の集会にもいやいや行っていたものが、いまではそれを楽しんでいる自分に気づいて驚いています」

2　意識的に、「今」に反応する習慣をつくれ

あらゆる注意を「今」に向けることによって、「明日を思い煩わない」習慣を身につけることは大切です。あなたの心にある創造の仕組みは、明日のために機能するようにはできていないのです。それが働くのは、「たった今」だけなのです。創造的な生き方というのは、いまの環境に無意識に反応し、行動を起こすことを意味しているのです。創造の仕組みは「今」に反応するのです。明日になってその「今」が来れば、そのときは同じように反応するのです。つまり、生じるかも知れないことにはうまく反応できないが、生じていることには適切に反応できるのです。

ウィリアム・オスラー博士の言葉で表現すると、「一日ずつ区切った時間」を大切に生きよ、ということです。二四時間を越えて前を向いてもいけないし、後を振り向いてもいけない、と言うのです。最善を尽くして今日を生きよ、今日という日をよりよく生きることで、あなたに備わっている「活力」は、明日もよりよい働きをするのです。幸せを得る唯一の秘訣は、「一日一日を最善に生きる」ことにあるのです。

アルコール中毒を治す会でも、この原理を応用してこう言っています。「永久に酒を飲まない」、などと言うな。ただ次のように言え。「今日は酒を飲まない」と。

現在を最善に生きるためには、いまの環境を意識的に「見る」ことや「聴く」ことを訓練することが大事です。つまり、周りに敏感であれ、ということです。精神的にストレスの高じやすい現代では、なおさらです。イライラは、「今」この場でできないことを無意識のうちに行おうと「試みる」ことから生じるのです。起こり得ない行為を行おうとしているわけです。あなたの心にある創造の仕組みは、いまこの場のことに適切に反応することを、たえず頭においてください。

私たちは、知らず知らずのうちに、過去の環境刺激に反応していることがあります。つまり、現実に反応しないで、虚構に反応しているのです。私の患者さんですが、何か公式の会合があるとイライラし、不安になるのです。「人の集まり」が共通しているのでいろいろ聞いてみますと、彼には小学生のとき、こんな経験があったのです。彼はあるとき、学校でお漏らしをしてしまったのです。意地の悪い先生が、彼をクラスの友だちの前に立たせ、恥をかかせたのです。

状況的要素……「人の集まり」が、彼を過去の屈辱的状況に引き戻すのです。集会は小学生のときの教室ですし、グループ・リーダーはあのときの意地悪先生で「あるかのように」思い込んでいたのです。この事実に気がついたとき、それ以来、彼の不安が解消したことは当然です。

3　一度に一つのことだけを試みよ

感情的にイライラするもう一つの原因は、一度にたくさんのことをしようとすることにあります。現代のビジネスマンは、さしあたり目の前の伝票を処理していても、心のなかでは今日中にやってしまわなければならない仕事、今週中に片付けなければならない仕事などを無意識のうちに同時に達成しようとするのです。つまり、イライラの感情は仕事のせいではないのです。「あれもこれも、みんなやらなきゃ」という心的態度によって生じるのです。そして、欲求不満を避けがたいものにしているのです。

現実には、私たちは「一度に一つのことを行える」だけなのです。この単純明快な原理さえわきまえていれば、イライラから解放されることは間違いありません。ジェームス・ゴードン・ギルキー博士の「砂時計の教え」は、この原理を言い得て妙です。ギルキー博士は、多くの人がなんで悩むのかと疑問に思っていたのですが、あるとき机の上にあった砂時計を見ていて、ハッと気がついたというのです。砂時計の砂は多くの砂粒が集まったものですが、真ん中の細い部分を通過するのは一粒一粒の砂なのだ、ということに気づいたのです。

私たちはほとんどの場合、一ダースぐらいの問題を抱えています。せきたてられる気分になり勝ちです。しかし、時間は一度にたくさんはやってきません。一列縦隊でコチコチと一秒ずつやってきます。これが真実なのです。あれもやらなきゃ、これもやらなきゃ、というときは、砂時計を思い起こしましょう。

4　眠りながら考える

一つの問題に取り組んでいても、なんらの進展もみせない場合があるものです。そのようなときには、さっさと寝てしまうことです。あなたの心にある創造の仕組みは、意識という邪魔が入らないほうが、効率良く働くことを思い出してください。トーマス・エジソンの奥さんは、彼が仕事に行き詰ったとき、翌日やり遂げたいことを何度もつぶやいてから寝た、と言っていました。翌日の予定を書き出してリストにしていた、とも言っていました。

ウォルト・スコット卿は、考えがまとまらないときは、「心配するな、明朝七時に起きたときには答えが待っているさ」と自分自身に言い聞かせて寝た、と伝えられています。

著名な詩人V・ベチテレフは、「夕方、詩にしたいテーマを一所懸命考えてからベッドに入ると、翌朝はペンを取るだけで、泉のように詩が湧き出てくるという経験を何度もしています」と語っています。

カンタベリー寺院の大司教は「決定的なアイデアはほとんど、こっそりやって来るらしい。私にはそれがいつ来るのか分からないが、大方は眠っているときに現れるらしい」と言っています。

ヘンリー・ワード・ピーチャー師も、同じような経験をしています。彼は、一八ヵ月間、毎日、説教をしたことがありましたが、そのやり方はこうです。思いつくたくさんのテーマのなかから一つを選び、それを前日の夕方に熱心に考えるのです。そうして自分自身を鼓舞するのです。考えが熟していなくても、そうしておいて寝るのです。すると翌朝にはその説教にふさわしい内容になっていた、というのです。

実業界にも、同じような例があります。フロリダで果実の通信販売をして成功しているヘンリー・コブスは、目覚めたときにすぐアイデアを書き留めておけるように、枕もとにメモ帳を置いておくそうです。

5　働いているときもリラックスせよ

あなたは「4　誤った『思い込み』を見直そう」で、精神的・肉体的なリラックス訓練の効用を理解されたと思いますが、それを毎日続けていれば、だんだんそれに熟達してきます。そうなればしめたものです。仕事をしていても、ほんの瞬間的な時間でいいのです。リラックスしたときの気分をイメージするのです。ゆったりと「くつろぎを味わっている」自分をイメージするのです。

この方法は、疲労を取り除く効果があります。それだけでなく、仕事の能率もびっくりするほど上がります。リラックスした気分は、創造の仕組みをうまく機能させる、いわば潤滑剤みたいなものです。イライラを一掃し、状況にうまく対処する態度をつくれるようになります。ぜひ試してみてください。

7

幸せを習慣づける

「幸せを感じる」ことが第一歩

この章では「幸せ」を哲学の問題としてではなく、医学の立場から考えてみましょう。ジョン・A・シンドラー博士は、幸せを「楽しい考え方が心を占めている状態」と定義しました。実に明快で、手の入れようのない定義だと思います。

人は本来、精神的にも肉体的にも、幸せになるようにできています。私たちは、幸せだと感じているとき、気分もゆったりし、良い考えが浮かび、成果も上がり、健康です。感覚器官も機能が良くなります。ソ連(現ロシア)の心理学者K・キクチェフ博士は、人が楽しいことを考えているときと不愉快なことを考えているときを比較して、実験をしました。その結果、人は楽しいことを考えているときのほうが、物も良く見え、味や匂いもよく分かり、よく聞こえ、触角も微妙な差を選り分けられる、と報告しています。

ウィリアム・ベイツ博士は、人が楽しいことを考えると、またイメージすると、視力が良くなることを証明しています。また、マーガレット・コーベット女史は、被験者が楽しいことを考えているときには記憶力が増し、心もくつろぐことを発見しています。精神身体医学は、私たちが幸せを感じているとき、胃や腎臓、心臓、その他の器官の機能が良くなることを証明しています。

数千年もの昔、賢王と云われるソロモンは、「楽しい心は良薬の働きをするが、悲しみの心は骨まで枯らしてしまう」という箴言《しんげん》を残しています。ユダヤ教もキリスト教も、健全な人生を送る手段として喜びや感謝、陽気さをあげていますが、これは意味のあることです。ハーバード大学の心理学者たちは、幸福と犯罪の相関関係を研究して「幸せな人に悪人はいない」というオランダの古い諺《ことわざ》が科学的に正しいことを結論付けています。

エール大学が行った欲求不満の研究では、私たちが不道徳とか敵意と呼ぶものは、私たち自身の不幸だという感情が生み出したものだということを明らかにしています。シンドラー博士は、精神身体医学的に言えば、病気の唯一の原因は不幸だと言っています。「病は気から」と言いますが、幸せはそれに対する唯一の治療薬です。

私たちは、「立派になりなさい。そうすれば幸せになれます」と言います。自分自身に対しても「成功をおさめ、健康であれば、幸せになれるのだが……」とか「他人に親切に、やさしくしてあげなさい。そうすれば幸せになれる」と言い聞かせます。こうした考えは逆なのです。ほんとうは、こう言うのが正しいのです。「幸せだと感じなさい。そうすれば立派になれますし、成功もしますし、健康にもなれます。もちろん、他人に対しても、もっとやさしく振舞うようになれます」と。

幸せの青い鳥は、あなたの心のなかにいる

幸せは結果として掌中にするものではないし、道徳的な問題でもありません。しかしそれは、健康と心の安らぎには欠かせないものです。幸せとはまさに「楽しい考え方が心を占めている状態」なのです。スピノザも言うように「幸せとは美徳の報酬ではなく、美徳そのものなのです。人は欲望を抑えるから幸せになれるのではなく、幸せだから欲望を抑えられるのです」ということです。

人間にとって最も楽しい考え方の一つは、他人を助け、その幸せを大きくすることに力があり、他人から必要とされている、というものです。その意味では、幸せは自分本位な情感ではないのです。献身的に振舞うことから生じるものです。私たちの存在や行為に付随するもので、報酬や賞として与えられるものではないのです。パスカルは「人は生きていることを実感しないで、生きることを望むものです。幸せでありたいと望むだけでは、幸せになれないのも已《や》むを得ない」と説いています。

幸せは、それをまず実感することで得られるのです。私の患者さんの多くは、現在の生活を楽しもうとしないで、未来の出来事を待っているのです。結婚したら、もっと良い仕事についたら、住宅ローンが終わったら、子供が大学を出たら……、幸せになれると思っ

ているのです。これではいつも失望させられるだけです。幸せは精神的な習慣ですし、態度なのです。いま幸せを実感しているという訓練をしないと、将来も幸せは体験できないのです。人生は問題の連続ですから、「かくかくだから幸せ」ということはあり得ないのです。

カリフ・アブデルラームすら「私は半世紀以上も勝利し、平和的統治をしてきている。敵には恐れられたが、臣下には愛され、尊敬されている。富と名誉、権力はいつも掌中にあった。しかし、純粋に幸せといえる日を数えたら、たった一四日だった」と言っています。

エイブラハム・リンカーンは「人は、自分が幸せだと思い込んでいる程度に幸せである」と説いています。また心理学者マシュー・N・チャペル博士は「幸せは純粋に心の問題です。対象によって創られるものではなく、環境とは無関係の個人的活動が生み出すアイデアや態度によって創られるものです」と述べています。

ジョージ・バーナード・ショーが「私はいつも幸せだと言えるのは、聖人だけです」と皮肉ったように、私たちの現在が幸せでないとしたら、将来も幸せになることはないでしょう。しかし、ちょっと考え方を変えるだけで、私たちは幸せになれるし、楽しい考え方で心を満たす時間を増やすこともできるのです。ところが私たちは、小さな欲求不満に対して、苛立ちという感情で反応しがちなのです。たとえば前方を走っている車が、必要もないのに警笛を鳴らしたとか、ゴルフに行こうと思っていたら雨が降ってきたとか、ごく些細なことに怒るのです。これは、身近なことに不幸で反応しているのです。

幸せは心の習慣

あなたはテレビの公開番組を観に行ったことがありますか。視聴者を巧みに操っているディレクターを見たことがありますか。拍手をするようにというサインを出すと、みんないっせいに拍手をします、笑いのサインを出すと、みんな笑い出します。そこにいる人たちは、どう振舞うべきかを他人に指図されているのです。ある状況が「不幸だと思え」と合図すると、それに敏感に反応するのと同じです。

この同じ手法を、幸せを得るために活用するのです。幸せを感じる習慣的行為を身につけたとき、あなたは奴隷ではなく、主人になれるのです。ロバート・ルイス・スティーブンソンが言っているように「幸せだという行為は、外的条件の支配を解き放つ」のです。

アル中の夫をもった婦人から「どうしたら私は幸せになれるでしょう」と聞かれました。

私の答えはこうです。「私には分かりません。しかし、あなたが自分の不幸に恨みがましいことを言わない決心さえすれば、いまよりは幸せになります」と。

ある実業家が「私は株で二〇〇万ドル、損をしました。もうダメです。幸せにはなれません。どうしたらいいでしょう？」と訴えてきました。それで私は、「そんなことはありません。事実に対してあなたの意見さえ加えなければ、あなたは幸せになれます。あなたが二〇〇万ドルを失ったのは事実です。しかし、ダメというのはあなたの見解です。エピクテートスが『人は起こった事によってではなく、起こった事に対する自分自身の見解で心を乱される』と喝破していますよ」と話してあげました。

私事で恐縮ですが、医者を目指そうとしたとき、家が貧しいから無理だ、と言われました。私の母がお金持ちでないことは事実です。しかし、私が医者になれないというのは単なる見解です。後に、若い整形外科医が独立し、ニューヨークで開業することは不可能だと言われました。こうしたすべての「不可能事」は、事実ではなく見解だということを、私は片時も忘れないようにしたのです。医学書を欲しくてオーバーコートを質入れしたこともありましたが、その間、私はずっと幸せでした。目標を達成したいまも幸せです。

人間は、目標をもったとき能力を発揮することは、すでに述べました。目標に向かって積極的に行動しているとき、心の「成功へのサーボ機構」は正常に機能します。トーマス・エジソンは、保険をかけていなかった数百万ドルもする工場を焼失したとき、「これからどうなさいますか」という問いに「明朝から工場の建て直しです」と答えたそうです。だから不幸に遭っても、不幸にはならなかったのです。

私たちが不幸と呼んでいるもののほとんどは、受け取り方次第でどうにでもなることです。恐怖におののく態度から戦う態度に変えるだけで、不幸は神が与えてくれた試練になるのです。不幸を避けようと努力するよりも、それを受け容れ、陽気に振舞う決心をしたら、途端に不幸の痛みは消え、心が安らぐものです。事実に対する考え方次第で、それは災いになることもあるし、転じて福となることもあるのです。あなたがまずすべきことは、どっちの考え方を取るかということです。

私自身の人生を振り返ってみても、最も幸せだった時代は、医学生として悪戦苦闘していた頃と、開業当時のその日暮らしをしていた頃だったと思います。たいてい私は空腹でしたし、寒かったし、粗末な洋服を着ていました。毎日最低一二時間は働きました。家賃を捻出するのに悩んだこともたびたびでした。しかし、私には目標がありました。それを達成しようという意欲がありました。なにがなんでもやり遂げようとする信念がありました。「たいていの人は、想像だけでなく現実にも、慣れている危険には勇敢だ」と言ったのは、イギリスの小説家バルワー・リットンです。

幸せを習慣にする

「どんなことにも良い点はあります。それを見つけようするのは、健康な心をもっている証です」と言ったのは、かのラルフ・ウォルドー・エマーソンです。幸せを自分の手で掴もうとするなら、この態度が最善の方法なのです。たとえば、他人の欠点は労せずして見えます。しかし、他人の長所を見つけようとすると、努力が要ります。注意力も、忍耐力も、観察力も要ります。他人の良いところをみれば、幸せになると言うと、信用できないかも知れませんが、経験的に言っても、これが幸せを身につける唯一の方法なのです。

現実には、幸せも不幸せも混在しています。幸せを感じていても、数時間後には世の中の不幸は全部オレのところへやって来る、と思うことだってあります。幸せは歩いて来ません。タナボタを期待できるものでもありません。もちろん他人がもってきてくれるものでもありません。それは、私たちの注意がどちらに向いたか、という問題なのです。どんな考え方を心に抱いたか、という問題なのです。

カール・アースキンという有名な野球のピッチャーがいました。彼はあるとき、教会で牧師さんの説教を聴いたのですが、その話がピンチを切り抜ける際にとても役にたっていると言うのです。その話は、こうです。「リスが冬に備えて木の実を蓄えるように、人も危機に備えて万全の心構えをもつべきです。危機を克服する心構えと言っても特別のことをするわけではありません。心が安らぐ光景をイメージしなさい」と言うのです。「私は子供の頃、町はずれにある小川で釣りを楽しんだものです。その光景はいつでも頭に描けるほどです。それは、私の幸せの記憶なのです。試合の途中でピンチになったとき、私はこの光景をイメージします。すると、不思議に良い結果が得られるのです」と。

ジーン・タニーは「あの晩、私は傷つけられ、血を流し、キャンバスにのびちゃっている自分の夢をみました。目覚めると、震えていました。どの新聞を読んでも、どんなふうにタニーがノックアウトされるか、という記事ばかりでした。そして、新聞を見たことで私は、心のなかの戦いに負けていたのです」と、ジャック・デンプシーとの最初の試合に負けたときのことを述懐しています。そして彼は「問題解決の方法は明らかでした。新聞を読まなければ良かったのです。デンプシーの殺人パンチなど、考えなければ良かったのです。……私の考えを別のことに向けることにしました。彼はこうしてチャンピオンになったのです。

エルウッド・ワーセスター博士は、ご自分のこんな例を紹介してくれました。「五〇歳になるまで、私は不幸で無能な男でした。憂鬱と不安を意識しながらの毎日でした。辛かったのは、一週間に二度ほど襲ってくる頭痛でした。そうなると、私は何もできませんでした。そんなとき、ウィリアム・ジェームスの『私たちは悪魔の考えを捨てなければならない。しかし、善意の人生を得ることに比べれば、それはなんでもないことだ』という言葉に出会ったのです」。その効果についても触れていました。

「その頃、私は心の病が悪化し、生きることが耐え難い状態でした。半信半疑でしたが、藁をもすがる気持ちもあって、私はこの考え方を試してみようと思いました。努力の期限は一ヵ月としました。方法はこうです。過去を思い出すときは、幸せで楽しかった出来事、幼年時代の懐かしい日々、先生の励まし、私のライフワークの芽が出始めたことなど、楽しいことだけに思いをめぐらせるのです。現在について考える場合には、心休まる家庭、孤独が私に与えてくれる研究機会などに注意を向けるようにしたのです。未来について考えるときは、身近な実行可能な問題に目を向けるようにしました。

最初のうちは、半分は信じていませんでした。いま思えば、私の計画はどうも目標が低すぎたようです。それはともあれ、驚いたことにあの激しい頭痛が一週間ぐらいで治っていたのです。健康だと感じるようになりました。考え方を変えてから生じた外見上の変化は、私の心の変化以上にびっくりさせられるものでした。私の力量を認めて欲しい人から突然、手紙が舞い込んで、彼の仕事を手伝うことになりました。私の書いたものはすべて出版され、私の仕事をサポートする財団まで設立されました。同僚たちも非常に協力的でしたが、思えばそれは、私の行動が変わったせいだと思います」。

米国国立博物館のエルマー・ゲーツ博士は、天才的発明家として知られますが、「心楽しい記憶と高く評価されたアイデアを思い出す」ことを日課にするようにしていました。それは、仕事にも役立つと信じていました。そして「自分自身を成長させようと望むなら、慈悲心や親切心を呼び覚ますことが大事です。そのための時間を創るようにしましょう。一ヵ月もすれば、自分自身に驚くべき変化が生じていることに気づくでしょう。考え方や行動に明らかな変革がみられるでしょう」と語っています。

幸せを習慣づけると自己イメージが変わる

私たちの習慣は、自己イメージと密接に同調しています。一方を変えると、自動的にもう一方も変わります。「習慣（habit）」はもともと、上着とか衣服を意味する言葉です。私たちの習慣はまさしく「個性がまとっている衣服」なのです。それは自分に合っている、と思っているのです。私たちが新しい良い習慣を身に着ければ、自己イメージもおのずと変わっていくのです。

また習慣は、無意識のうちに行動するようになった反応のことです。だから、私たちの心の「成功へのサーボ機構」が働くのです。ピアニストは演奏中に、次はどのキーを叩こうかなどと考えません。ダンサーも同じです。今度はどっちの足をステップしようなどとは考えません。自動的に、習慣的に行動します。そうならないと、良い動きはできないのです。

ただ肝に銘じておきたいことは、習慣は癖と違って、意識的に新しい行動をとれば修正され、改めることができる、ということです。いま例にあげたピアニストやダンサーの場合でも、新しいパターンに変えようと心に決め、そう練習すれば、それが新しい習慣になるということです。

たとえば、あなたが家を出るとき、どっちの足から靴を履いていますか？　おそらくそのようなことは意識していないと思います。明朝、どうしているかを確かめてください。

そのうえで明日から三週間、順序を反対にしようと決めて、意識的にそうしてみてください。そして、靴を履くとき「私は新しい良い方法で一日を始めます」と自分に言い聞かせるのです。また、一日中、意識的に次のことを実行する決心をし、行動すると言い聞かせるのです。

1 今日一日、陽気に振舞おう。
2 他人には好意的に接しよう。
3 他人の失敗や過ちには寛大になろう。
4 そうありたいと思っている人になったつもりで行動しよう。
5 自分の意見で事実を悲観的にゆがめないようにしよう。
6 今日一日、少なくても三回は笑うようにしよう。
7 何が起きようと、冷静に対処するようにしよう。
8 変えようのない悲観的な事実は、忘れるようにしよう。

なんだ、こんな簡単なことか、と思われたでしょう。まさにそのとおりです。しかし、これを三週間ほど実行すれば、必ず良い結果が得られます。簡単なことが、最善をもたらすのです。この習慣は、あなたの自己イメージを高めてくれることは確実です。

8

「成功人間」に変身しよう

成功型人間はどんな人

　だれだって、成功したいと思うものです。「成功人間」と言える人になれるとしたら、あなたもそうなりたいと思うでしょう。前にも述べましたが、そのためには、まず成功して満足しているあなた自身をイメージしましょう。そんなこと、自分は苦手だと言うなら、周囲に何をさせても上手にこなし、元気に仕事をしている人がいたら、その人になったつもりで、その人のように振舞って成功している自分をイメージすることでも、効果があります。

　医者が患者の症状からなんの病気かを診断するように、人の考え方や行動からその人が成功するタイプの人間か、失敗しやすい人間かを診断することができます。しかし、人は簡単に成功できるとは思えませんが、そうかと言ってたやすく失敗することもありません。成功や失敗にいたるまでには、さまざまな試行錯誤をしますから、何が原因かを究明することは困難です。したがって、そのようなことから診断しようとしても、無意味なことです。成功型人間か失敗型人間かは、その人の個性とか性格から判断することになります。

　人はだれでも自分を改善したいと願い、より良い個性を望むのですが、どう改善したらいいいか、より良い個性とはどのようなもので、それを形作る要素にはどのようなものがあるか、という問題になりますと、明確に掴みきれないのです。「より良い個性」は、現実に適切に対応し、成功して満足している自分を生き生きとイメージさせてくれる感覚です。それをイメージで訓練する、それがあなたを改善してくれるのです。そうなれば、あなたの心にある創造の仕組みは、目標をもったときに効率よく働く「成功へのサーボ機構」となります。

ところが、こんな例もあります。ある広告代理店の四〇歳になったばかりの若手経営者ですが、こう言うのです。「私は経営者になることを夢にみて働き、いま目標を達成しました。しかし、何だかよく分かりませんが、私みたいなイモ野郎が経営者だなんておこがましいのじゃないか、などと自問して動揺しているのです」と。彼は多分、自分の「細めの顎」を気にして私の診療所に来たのです。外見は問題ではないのです。誤った自己イメージをもったことがいけないのです。

もう一つ、こんな主婦の例もあります。子供たちが彼女を狂気に追いやり、夫はイライラさせると言うのです。「私のどこに問題があるのでしょう。子供たちはみんな良い子で、主人もいい男性です。そして私はいつも、自分自身を恥じるのです」と言うのです。彼女もまた、整形手術が自信を回復し、家族の尊敬を呼び戻すと考えたのです。彼女の場合も、容貌の問題というよりも自己イメージを間違っているだけです。この種の人は、新しい役割のなかに自分を見つけ、それに恥じない行動をするにはどうしたら良いか、自分のイメージを描けないのです。

成功人間のタイプ

成功型の人間は、成功（SUCCESS）という綴りに組み込まれています。ぜひ覚えてください。

Sense of Direction（目標感覚）
Understanding（理解力）
Courage（勇気）
Charity（思いやり）
Esteem（自尊心）
Self Confidence（自信）
Self Acceptance（自己容認）

目標感覚

前述の広告代理店の若手経営者は、比較的早く立ち直りました。彼は、自分の目標に動機づけられてきたことを理解したからです。「経営者になる」という目標は重要でしたから、彼は順調にやってこられたのです。しかし、目標を掌中にしたとき、目標を失い、代わりに社員たちが彼に期待していることに気をとられ、恥ずかしくない行動が取れるかどうかを考えていたのです。

彼は、これから登ろうとしている山の頂を目指している間は、大胆に行動する登山家でした。しかし、頂上を極めると気が緩み、周囲の景色を眺めるうちに怖くなり、防御的になったのです。それでも、新しい目標「この仕事から何を得たいのか」、「達成したいことは何か」を考え始めて、心の安らぎを取り戻したのです。

機能の面から見ると、人間は自転車に似たところがあります。自転車は、どこかを目指して走っている間は安定しているのですが、走るのを止めるとグラグラします。あの原理と同じです。また、私たちの心と体は目標を追求するように仕組まれています。だから、目標を失うと不安になり、一種の喪失感を覚えるのです。そして、人生を無目的なものと考えてしまいがちです。達成すべき目標がないと、人間は幸せを見つけることができないのです。

そこで、人間にとって大事なことは、そのために働く値打ちのある目標をもつことです。具体的に言えば、計画を立てるのです。現在を十分に考えた上での話ですが、「得たいと思うもの」を決めるのです。「未来に対するノスタルジア」を創りだすのです。未来に「得たいと思うもの」をもたないと、人間は健康も害《そこな》います。定年退職後に、急に生き甲斐を失って、死への旅路を急ぐ人が多いのはそのためです。

目標も、前向きの姿勢ももてないようでは、「生きている」ことを止めているようなものです。それともう一つは、あなたの個人的目標のほかに、「社会的目標」とでも言うべき目標をもつことも大事です。友達のためになることでも、地域社会に貢献することでも、所属しているクラブの発展のためでもなんでもいいですから、そうした計画に関心をもつのです。それも義務感からではなく、自ら望むこととしてその種の社会的目標をもつのです。

理解力

良いコミュニケーションがあって初めて、理解が得られます。間違った情報を基に行動しても、適切な対応はできません。問題を適切に処理するためにはあるがままの姿を理解していないとダメです。人間関係で失敗した例のほとんどは、誤解によるものです。

私たちが一連の事実ないし状況に対応するように、他の人たちも対応すると考え、自分と同じ結論に達することを期待するのです。しかし、前章で述べたように、人は「起こったこと」に反応するのではなくて、心のなかでイメージしたことに反応しているのです。たいていの場合、人はだれかを苦しめようとしたり、悪意をもって接したりしようとは考えていないものです。かりに、あなたと違う態度や行動をとっても、それはあなたと違ったイメージをもっているだけなのです。

人はただ、その人がほんとうの状況だと思い込んでいることに従って行動するのです。だから誤解を生むようなことが起きて、それを解決しようとする場合、より良い相互理解を生むことに貢献するのは、わがままな態度ではなく、誠実な態度なのです。誠実さが信頼を生むのです。

こんなふうに自問自答してみるのも良いことです。「彼には、これはどのように見えるのだろうか」、「彼はこの状況をどう解釈するだろうか」、「彼はそれをどう感じるだろうか」、と。つまり、相手の立場に立って、ものを見るのです。彼流の行動を彼の立場で考えるのです。

こうしたことは、事実と見方をつき合わせてみると、明らかになります。事実と見方を勘違いしたために誤解を生じる例は、いくらでもあります。たとえば、ご主人が指をポキポキ鳴らしたとします。これは事実です。しかし奥さんはそれを「私に対するいやがらせだわ」と思います。これは見方です。ご主人が食後に歯を吸うような仕草をしたとします。これは事実です。これを見た奥さんは「何年も一緒にいると、男は図々しくなるのかしら。いくら夫婦だといっても失礼よね」と考えたとします。これは見解です。奥さんが買い物にでかけようと家を出たら、近所の奥さんが二人、立ち話をしていたのに、奥さんの顔を見たとたんに話を止めたとします。これは事実です。そのとき奥さんは「ハハーン、私のうわさをしてたんだわ」と考えます。これは憶測です。

この例に出てくるご主人は、奥さんに嫌がらせをしようとか、あてつけがましいことをしようなどとは考えていなかったでしょうし、近所の奥さんも多分、奥さんの噂話をしていたわけではないのです。こうしたことが理解できれば、いざこざもイライラもなくなります。

また、こんなこともあります。私たちは欲望という名の色眼鏡で、物事を見てしまうことが多い、ということです。ヒットラーが第二次世界大戦で敗れた理由の一つは、状況を正確に理解できなかったからです。あのときヒットラーは、悪い知らせをもって来た部下をひどく罰したのです。それからというものは、誰も本当のことを報告しなくなったのです。だから適切な対応策を取れなかった、とバートランド・ラッセルは述べています。

多くの人は、このヒットラーと同じような過ちを犯しているのです。自分の過失を直視したがらないのは人の常かも知れませんが、真実に目をつぶっては適切な行動は取れません。だから、自分自身に嘘をついていないか、無理に理由付けをして自分をだましていないか、自らチェックすることが大切です。

魚雷やミサイルは、標的へのコースからそれたら、「それは間違ったコースだぞ」という指示電波で、正しいコースに修正されます。ミサイルは「正しい情報」を理解したから標的に命中するのです。間違いを冷静に受け止めれば、それを正すという前向きの行動が取れるのです。

勇気

目標をもち、状況を理解していても、行動を起こす勇気がなければ、成功は望めません。

ウィリアム・F・ハルシー提督は、「艦長たる者、敵艦の舷側に自軍の戦艦を横づけできないようであれば、最悪の事態を避けられない」というネルソン提督の言葉を座右の銘にしていました。戦いを勝利に導くのは、勇気ある行動なのです。攻撃は最善の防御なり、というのは戦いの鉄則です。この原理は、国家であれ個人であれ、いろいろな問題に応用できます。問題を回避せず、正面から取り組む勇気をもっていれば、道は自然に開けます。アザミに恐る恐る触れれば棘《とげ》に刺されますが、大胆に握れば棘は崩れてしまい、刺されることもありません。

この世の中には、絶対確実といえることはありません。自分の思いに賭け、危険に臆せず立ち向かう勇気があるかないかで、成功するか失敗するかが決まるのです。勇気と言うと、とかく私たちは危機的な場面での英雄的な行動を考えがちですが、日常生活のなかにも、勇気をもって当たらなければならない事はたくさんあります。

解決しなければならない問題から腰が引けてしまうのは、あなたが取ろうとしている行動とその結果をいくつも頭の中で考えてしまうからです。そして、思い迷うだけで行動しないのです。これでは、事態は進展しません。失敗を恐れない勇気をもって行動するところに、進歩があるのです。

人間には賭けたいという本能があります。それを善用するのです。別の言葉で言えば

「自分自身に賭けろ」ということです。あなたの心にある創造の仕組みを信じて、勇気をもって目標を達成しようという行動を起こすのです。これこそ、あなたが自分自身に賭けている姿なのです。自分自身に賭けないで、競馬や競輪に賭ける人がいますが、勇気ある人のすることではありません。

R・E・チェンバース将軍は「たいていの人は、自分がどのくらい力をもっているかを知りません。それでも危機的状況下では〝火事場の馬鹿力〟を発揮するのです。そうした力をもっていることを自覚しておれば、問題に直面したときに役に立ちます。それは勇気に裏付けられた力です」と述べています。また、小さな事に勇気をもって当たる訓練をしておけば、重大事にも勇気をもって当たれるようになります。これも覚えておきたいことの一つです。

思いやり

成功する人間は、他の人びとに対する思いやりをもっています。他の人がどんなことをして欲しいかに、気を配っています。人はすべて神の子で、尊敬に値する個性をもっていることを知っているのです。心理学的に言っても、他人を思いやれる人は、自分自身に対しても思いやりのある人です。「あの人は、私を愛してくれていない」と考える女性は、相手を愛していないのです。なぜなら、愛のないことが分かるのは、愛のない人だけだからです。思いやりのある人はそれで相手を包んでしまいますから、愛していないなどということは気にしていないものです。

他人を非難することを止めれば、罪の意識を克服することができます。他人を価値ある人と感じはじめると、適切な自己イメージを創りだすことができます。現実の問題に対しても、思いやりのある対処の仕方を取ることが、成功を呼び込む最良の方法です。では具体的には、どんなことが「思いやり」なのでしょうか。一つは他人を神の子と認めることです。独自の個性をもった存在であることを認めるのです。もう一つは、他人がどう見ているか、どう考えているかを考えることです。私の友人は、彼の奥さんが「私のこと、愛してる？」と聞くたびに、「もちろん、愛しているよ。そのことについて良く考えているときは」と言って笑うのです。三つ目は、他人を大切に考え、扱うのです。態度に、相手を重んじていることをにじませるのです。私たちは、相手の遇し方で相手を感じる傾向があります。これらが、思いやりそのものです。

自尊心

「自分自身に対する不信こそ、恐るべき不信である」とカーライルは喝破しています。人生には罠や落とし穴がいろいろあると思いますが、自己軽蔑ほど救いがたく、直しにくい代物はないと思います。それは、自分自身が創るからです。別の言葉で表現すれば、「そんなことをしても無駄だ、私にはできるはずがない」と思うことです。

そう思うことで人は、物質的な報酬を失うだけでなく、社会的にも不利益を余儀なくされるのです。私は医者として、敗北主義が不思議な一面をもっていることを指摘できます。自分自身に嫌気が差し、やっている仕事は自分に向かないと思っていると、物事は上手くいかないものです。自分自身を低くみるのは美徳ではなくて悪徳だということを、しっかり頭に刻み込んでおきましょう。

整形手術をすれば、夫や子供たちの関心を取り戻せると思った主婦は、ほんとうは自分自身をもっと高く評価すべきだったのです。中年になって、少し白髪やしわが増えたことが、彼女の自尊心を失わせる原因になったのです。そして、家族の何気ない言動に過敏になっていたのです。創造主はいろいろなものを創りましたが、最も素晴らしいものは他ならぬ人間なのです。「オレはダメ人間だ」などと思うことは止めましょう。

自尊心を育てる最良の方法は、他人の長所を見つける努力をし、それを評価することです。相手の値打ちが分かれば、尊敬の念をもつことができます。そして、人と対するときは、ユニークな個性をもった価値のある存在として遇するようにしましょう。そうすれば、あなたの自尊心も高まるのです。ほんとうの自尊心は、自分自身に対する評価から生まれますが、それは他人を高く評価する訓練をして、初めて得られるものなのです。

自信

成功を体験すると、自信は自然についてきます。私たちは何かを始めるとき、体験的に成功を学んでいませんから、自信などないのが普通です。自転車に乗ることも、大勢の人の前で講演するのも、最初から上手な人はいないのです。少しずつ慣れ、その小さな成功を積み重ねていくうちに、自信がついてきます。文字どおり「成功が成功を生む」のです。それは、プロボクシングのマネジャーがボクサーを育てる方法に似ています。彼は、まず倒せそうなランキングの低い選手にぶつけ、その試合に勝って自信をつけさせます。そして、最終的にはチャンピオンに挑戦させるという段階を踏ませます。

自信に関連して、もう一つの重要なことは、過去の成功を記憶し、失敗は忘れる習慣を身につけることです。それは、バスケットボールや野球、ゴルフといったスポーツだけでなく、セールスや芸術その他の分野にも有効に働きます。どんな場合でも、反復練習をします。最初のうちは失敗も多かったと思いますが、だんだんその数は少なくなり、やがて失敗はなくなります。人は、反復練習する過程で失敗したことは忘れ、成功したことを記憶し、それを強化させるからです。心のなかで成功しようと考えているから、そうなるのです。

チャールス・ケッタリングは「科学者を志す者は、九九回失敗しても、最後には必ず成功して自分を高めることができる人でなければならない」と述べています。あなたが過去にどれだけ失敗したかは問題ではないのです。問題なのは、成功したことを記憶し、それを強化することです。

なにか新しいことに挑戦する場合には、些細なことでいいから、成功した記憶をイメージすることが肝要です。セント・エリザベス病院の院長ウィンフレッド・オーバーホルサー博士は「過去に体験した素晴らしい瞬間を思い出すことは、自信を呼び起こす健全な方法です。しかし、多くの人は過去の一、二の失敗にこだわり、成功という良い記憶を忘れています。もし私がそれを意図的に思い出させてあげることができたら、その人は自分の能力に目覚め、自信を取り戻すことは疑いない」と述べ、自信がぐらついたら過去の成功を思い出すことの重要性を強調しています。

自己容認

人はある程度、自分がどのような人間か知っています。その自己容認がないと、ほんとうの意味での成功を掴むことはできません。なぜなら成功は、自己表現だからです。しかも成功は、多くの場合「ひとかどの人物たらんと努力している者」を避け、「オレはオレさ、とリラックスしている人」のところにやって来るものです。

あなたの「自己」は、現在あるがままの「あなた」なのです。心のなかで描くほんとうのあなたを理解していれば、ありのままの自分を最大限に生かすことはできます。「ひとかどの人物」たらんと努力する必要など要りません。たいていの人は、自分が思っている以上に有能です。より良い自己イメージを創るということは、新しい才能を創ることではなくて、あなたが潜在的にもっている才能を目覚めさせ、活用することなのです。私たちは、自分の性格を変えることはできます。しかし、基本的には、「自己」は変えられません。

そうは言っても、本書ではあなたの自己イメージを変えましょう、と繰り返し述べています。それは、あなた自身を改善することではありません。変えることでもありません。あなたが心のなかに描くイメージ、自分自身に対する考え方を変えようと言っているだけです。適切な自己イメージを創りだすと、ご自分でも驚くような結果がもたらされます。それは、自己変容の結果としてではなく、自己実現の結果として生じるものです。

自己容認というのは、長所も欠点ももったあるがままの自分を受け容れるということです。あなたは過失を犯したことがあったかも知れないが、それはあなた自身が「良くない」ことを意味するものではありません。知識を増やすためには、自分の知らない分野のことを学習することが必要です。しかし、そうしたことに強くなるための第一歩は、自分が弱いことを認識することです。救いは告白に始まる、ということと同じです。つまり、私たちの個性、心理学者が言う「現実の自己」は、つねに不完全なのです。

一生の間に、真の自己を完全に表現することはできません。自分がもっている可能性を、現実のものにすることに成功した人は皆無なのです。私たちはつねに何かを学び、より良く行動することはできても、現実の自己はいつでも不完全なのです。目標に向かって進むけれども、真の自己表現を達成することはむずかしいのです。換言すれば、現実の自己はつねに揺れ動いているのです。

このような不完全な「現実の自己」を、受け容れることが大事なのです。ありのままのあなた自身を認めることからスタートするのです。不完全さには寛大に、欠点には鷹揚になるのです。自分自身をさげすむことは、惨めな事態を招くだけです。あなたの「自己」と、あなたの「行動」は区別して考えるのです。あなたが間違ったことをしても、目標へのコースからそれたからと言っても、あなたが価値のない人間だというわけではないのです。

昔、ボーイッシュな体つきの女性がもてはやされました。ボインは冷遇されていたのです。「先生、どうか私の乳房を小さくして、一人前の女性にしてください」という方が大勢、診療所にみえました。ところがいまはどうでしょう。ほとんどの女性が「先生、なんとかして私の乳房を大きくして、一人前の女にしてください」と言うのです。

人並みになりたい、と願うのは万人に共通したことです。しかし、それを他人の基準に合わせたり、求めたりするのは、間違いの因《もと》です。あなたは神様の贈り物で、あるがままで完結した存在なのです。ヤセだのデブだの、チビだのノッポだのと言い、「だから私はダメ人間」だと考えるのは愚かなことなのです。

エドワード・ボクは、「私はつまらない人間だと思うのは、信仰心のない人です。私はたいせつな存在だと考え、それを証明しようと努力する人は、ほんものの考え方をもった人です。それはうぬぼれや自己中心主義を意味するものではありません。他人がどう考えようと問題ではありません。それが、信仰とか信念といった私たちの内なる神の人間的表現だということを知っておけば、それで十分です」と述べています。

あなた自身を容認し、「あなたはあなた」で良いのです。自分自身に背を向け、自分を認めることを拒否するなら、「あなた」というユニークな存在を、ひいてはあなたの可能性を理解することはむずかしいのです。たとえば神経症の患者は、現実の自己が不完全だという理由で、自分を拒否し、憎むのです。そうした立場に立って、完全な虚構の自己を創ろうとするのです。その見せ掛けだけの自己に固執するので、精神的に緊張するだけでなく、失意と挫折感を味わうことになるのです。

9

「失敗の種」は心にある

失敗はフィードバック信号

スチーム・ボイラーには圧力計がついていて、圧力が危険点に達したら蒸気を噴出させて圧力を下げ、安全を確保するようになっています。工事などで通行止めになっている場所には、迂回路の表示があって、交通の秩序が保たれるようになっています。人間の身体も、健康を保つための信号をもっています。熱とか痛みといったものが、それです。たとえば、盲腸炎の痛みは当人にとっては痛いかもしれませんが、健康を保つための信号なのです。

失敗しやすい人も、失敗の信号をもっています。しかし、それに気づくだけではダメです。「失敗の信号」を感じたら、それを修正するのです。それは、マイナスの感情とか態度です。英語では「失敗」をFAILUREと言いますが、その文字自体がフィードバック信号だと言えます。

Frustration, hopelessness, futility（欲求不満、絶望、むなしさ）
Aggressiveness（方向を誤った攻撃性）
Insecurity（不安感）

Loneliness（孤独感）
Uncertainty（不確実さ）
Resentment（怒り）
Emptiness（空虚感）

ひねくれた人間になろうとして、こうした特性を身につけようとする人はいないでしょう。いわば、こうした特性は、物事をマイナスの側面から見ようとするものです。物事は、プラスとマイナスの両面をもっています。

「あの人は沈着で思慮深い」という見方は、「あいつはグズでノロマだ」という見方と表裏一体の見方なのです。前者の見方はプラスの思考ですし、後者のそれはマイナスの思考なのです。

マイナスの思考は、失敗を招きますが、プラスの思考は成功をもたらすのです。このことを肝に銘じておきましょう。そして、「失敗の信号」は、成功のコースに戻りなさいというフィードバック信号だ、ということを忘れないでください。

欲求不満

目標が達成されないとか、望んでいたことが得られないときに、欲求不満が生じます。人間は不完全にできています。だから、必然的に欲求不満が起こるのです。そこで、こう考えたらどうでしょう。人間は不完全だからどんなことも完璧さは要求されてはいない、と。私たちはこうした「事実」だけを知っていれば良いのです。そして、百点満点ではないが、まあまあか、という気持ちをもつことです。

欲求不満が失敗をもたらすのは、失敗したという体験が不満をもたらすときだけです。無駄なことをしたという気持ちが、失敗の原因になるのです。慢性的な欲求不満があると感じる場合は、自分自身が設定した目標が高すぎるか、イメージが不適切か、のどちらかです。その両方が関係している場合もありましょう。

ジム・セイコーは、だれが見ても成功者です。一介の事務員から身を起こし、いまではその会社の副社長です。ご家庭は円満で、美しい奥さんと二人のお子さんに恵まれています。ゴルフだって、いつでも八〇台でラウンドしています。それなのになぜか、慢性的な欲求不満に悩まされています。もうオレは社長になっているべきだ、ゴルフは七〇台で回るべきだ、完全な父親であるべきだという完全主義が、彼の欲求不満を創っているのです。

そこで私は「あの有名なゴルフのレッスン・プロ、ジャッキー・パークがあなたに教えたパッティングのやり方、あれをあなたのすべての問題に当てはめるのです。彼はこう言ったでしょう。ロング・パッティングをする場合、直接カップを狙うよりも、カップを中心とした半径一メートルぐらいの円のなかにボールをもっていく、という要領です。これだと緊張の度合いがかなり違います。プロがこれで十分と言うのですから、あなたにも十分でしょう。仕事や生活の問題に対しても、原理は同じです」と申し上げたのです。

ハリー・ノットの場合は、ちょっと事情が違っていました。仕事でうまくいきそうになったこともありましたが、いま一歩というところで「大魚を逸していた」のです。恋愛でも二度失敗しました。なぜか。彼はいつも「オレは人生をエンジョイする資格のない、無能な男だ」と思っていたのです。彼は、無意識のうちに「成功へのサーボ機構」を使わずに、「失敗へのサーボ機構」を使って、失敗への道を歩んでいたわけです。

赤ん坊は、お腹が空くと、泣き出します。すると、どこからともなく耳に心地よい母親の声と温かい手が現れて、ミルクをもらえます。こうやって赤ん坊は、欲求不満の感情を表現することで、問題を解決する方法を学んでいきます。しかし、この方法は、大人の世界では通用しません。乳離れのできていない大人は、不満を訴えれば、「おお、よしよし」

と人生のほうから飛んできて、問題を解決してくれると期待しているようなものです。ハリー・ノットは、欲求不満を味わう訓練だけをつんできたので、それが習性となり、敗北者という自己イメージを創りあげてしまったのです。ものの考え方と感情は切っても切れない間柄にあります。感情は、考え方のなかで育つものです。そういうわけですから、いまからでも「成功するための考え方」を訓練するようにしてください。

方向を誤った攻撃性

上司に叱られ、ぶん殴ってやろうと思ったができずに帰宅し、奥さんやお子さんに当り散らす……、こうした行為は、方向を誤った攻撃性の典型を示すものです。精神医学では、攻撃性そのものは、異常な行動とされていません。むしろ、攻撃性と情動の力は、目標を達成するうえで重要なものです。目標達成には、攻撃的な方法のほうが好ましいのです。しかし、目標達成がうまくいかなくて、欲求不満が生じたときに問題が起こるのです。感情の捌《は》け口がなくなったときに、方向を誤った攻撃性が爆発するのです。失敗するタイプの人は、攻撃性を目標達成にむけずに、自己破滅の方向に使ってしまうのです。その結果、潰瘍とか高血圧、神経失調といった症状に苦しめられたり、粗暴な言動を取ったり、あら捜しという形で他人に攻撃性をぶつけたりするわけです。

攻撃性は、排除するよりも善用するほうが利口です。コンラッド・ローレンツ博士は、「動物の行動はもともと攻撃的なものですが、それを行動で表せないと、愛情表現もできません」ということを、多くの実験から結論づけています。エマニュエル K・シュワルツ博士は「この研究は、人間関係を見直す場合にも有効です。攻撃性に正しい捌け口を与えることは、愛情の捌け口を与えること以上に重要です」と述べています。

身体を使うスポーツならなんでもいいのですが、運動には攻撃性を和らげる働きがあります。競歩でもジョギングでも、腕立て伏せやバーベルを使った体操でも、効果があります。とくにボールを打ったり、投げたりするスポーツ、たとえばゴルフやテニス、野球、ボーリングなどは有効です。

家事の切り盛りをしていると、頭にくることが多いものです。利口な奥さんは安物の食器を用意しておいて、ヒステリーの虫が起きたら、エイッとばかり叩きつけて割ってしまいます。これで気分はすっきりします。腹の虫が治まらない場合には、なんでも聞いてもらえる友達宛に、むしゃくしゃした気持ちを書きなぐるのです。そして、翌日になったら、その手紙はポストに入れずに焼き捨てるのです。これでも気分はすっきりします。こうしたちょっとした工夫で、「方向を誤った攻撃性」の感情を上手に処理することも大事です。ある奥さんは「ムシャクシャしたときは、私は〝モグラ叩き〟をしますの」と言っていましたが、それも良いでしょう。

不安感

不安感は、他人の作った標準と比べて自分が劣っていると感じることから生じます。その原因の大部分は、間違った物差しを使っているという事実にあります。また、あなたの現在の能力を、あなたが頭のなかで描いた「理想のあなた」と比較しようとすることからも生じます。自分は「優れていなければならない」、「成功すべきだ」、「幸福であるべきだ」と考えると、現実の自分とのギャップができて、不安になることもあります。

人は目標へ向かって行動するとき、最も効率良く機能する心の仕組みをもっているので、目標を設定し、それを達成しようという強い気持ちをもっているかぎり、成功は可能です。ただ、不安感との関連で言えば、目標は実現可能なものとして設定すべきで、「あるべき姿」としての目標を考えてはいけないのです。同じように、自分を「優れた人物」と思い込んでいるなら、見せ掛けだけの虚像を守ろうとして、心理的に不安になるのです。セント・パウロは「完全な人」と云われましたが、当人は「私はいまだ道を究めてはいない。ひたすら道を追い求めている修行の身です」と述べたそうです。含蓄《がんちく》のある言葉です。

頂点に立っても、人は不安を感じます。たとえば、ボクシングを考えてください。みんなチャンピオンを目指してがんばります。しかし、チャンピオンになったら、目標がなくなり、守る立場におかれます。人の行動は目標をもったときに効率良く機能する心の仕組みになっていますから、いわゆる「番狂わせ」が起きても不思議ではないのです。あるボクサーは、チャンピオン・ベルトを締めるまでは実に良く戦い、チャンピオンになったのですが、タイトル防衛戦ではあっけなく負けてしまいました。しかし、再度チャンピオンを目指す立場に立つや、目標をもったときに効率良く機能する心の仕組みがフル回転して、チャンピオンに帰り咲いたのです。

そして再び、タイトル防衛戦が行われることになったとき、賢明な彼のマネジャーは、彼を呼んでこう言ったのです。「いいか、お前はたった一つのことを頭におけばいい。リングに上がったら、オレはチャンピオンシップを守るためにファイトするのじゃなくて、それを取るために戦うのだ、とな。ロープをくぐったらチャンピオンシップはなくなっていると思え！」と。

孤独感

ときには、だれでも孤独です。人間なら避けられないことでしょう。しかし、他人から疎外されていると感じ、そのために孤独感を覚えるなら、これは危険信号です。人間関係が思うようにいかなくなり、社会的な活動ができなくなるというのであれば、それは「村八分」にされていることですから。他の人と一緒になにかやる、楽しむというのは、孤独な自分を忘れさせてくれる妙薬なのです。私たちはだれでも見栄みたいなものをもっていますが、他人を理解することで見栄を張る必要もなくなり、打ち解けて自然に振舞えるようになるのです。つまり、他人を理解し、自分の心を開き、楽しく振舞うようにすれば、孤独感はなくなり、心に安らぎが生まれます。

孤独な人は、友達がいないとぼやきます。しかし、自分が引っ込み思案のためにそうなっていることに気づいていないだけなのです。人は社会的な動物と云われます。他の人との接触なしには生きていけない動物なのです。だから、他人と仲良くしていくように、自分自身に強いるぐらいが良いのです。最初はギクシャクした関係が残るかも知れませんが、やがて気持ちもほぐれてくるものです。そうした過程のなかで、「人の幸せに幸せを重ねる」ことができるようになります。こうした経験を重ねると、「人はみな友達」ということとが理解でき、孤独感は感じなくなります。

不確かさ

エルバート・ハバードは「間違うことを恐れることこそ、人が犯す最大の間違いです」と述べています。人間は、一〇〇パーセント正しいことを求められているわけではないのです。野球の世界だって、一〇割バッターはいません。三割打てば、優秀なバッターなのです。だから、この世は不確かさに満ちているのです。それが常態なのです。

ハンフリー・デービス卿は、「私は成功よりも失敗の経験が多いが、そこからたくさんのことを学んだ」と述べていますが、人は行動し、間違いを犯せばそれを修正し、目標に到達するのです。要は、失敗を恐れず、失敗から学ぶ姿勢が大事なのです。「エジソンは消去法を使って一つひとつ問題をつぶしていったそうですが、あんなに多くの試みが役に立たなかったことが分かったとき、がっかりしなかったのですか」と聞かれて、エジソン夫人は「間違った試みの次には成功の発見があるかも知れない、という希望がありましたから」と答えています。

サミュエル・スマイルズも「私たちは、してはいけないことが分かることで、なすべきことを見つけだすものです。つまり、一度も間違いをしたことのない人間は、おそらく一度も発見の喜びを味わったことのない人です」と述べています。

怒り

失敗するタイプの人は、失敗の言い訳に「社会」や「制度」、「運命」などをもちだします。他人の成功を妬《ねた》み、自分だけが不当に扱われていると言って怒るのです。こうした怒りの情は、「百害あって一利なし」です。それは精神に対する猛毒で、幸せを破壊し、目標達成に使われるべきエネルギーを浪費させるものです。怒りが他人に及べば、友人や協力者を失うだけです。人は、あなたの怒りを「自分のもの」として受け取らないものです。それどころか、あなたを過小評価することにさえなります。

怒り（resentment）という言葉はラテン語が語源で、〃re〃は「過去」を、〃sentire〃は「感じる」という意味です。つまり、過去の出来事を心に焼き直すことです。換言すれば、過去の出来事と戦うわけです。この戦いに勝てる人はいません。なぜならそれは、すでに起きてしまったことで、いまさら変えることはできないからです。

不正に対する正義感溢れる怒りですら、実は益のないことです。その反動として「自分は犠牲者」という感情をもち続けることになり、やがて自己憐憫に育つからです。この感情から生まれるのは、劣等感一色の自己イメージだけです。そこからは、生産的なものは何一つ生まれません。それだけでなく、それは人間がもっている「失敗の仕組み」への刺激として働くので、物事を悪いほうへ展開させます。

怒りは、目標を目指した創造的な「成功へのサーボ機構」には、感応しないことを覚えておきましょう。あなたに「怒り」があるかぎり、あなたは自分の心の舵取りはできないのです。怒りは、自尊心のある、行動力に富んだ自分を心に描かせないのです。

空虚感

いままで「欲求不満」や「方向を誤った攻撃性」、「怒り」について考えてきましたが、それらをもっているにもかかわらず、「成功をおさめている人」もいる、と思われた方がいるかも知れません。しかし、それは見せかけだけの成功で、中身は玉手箱の煙に過ぎません。なぜなら、人間の心にある「成功へのサーボ機構」は、欲求不満や怒りなどには感応しないからです。

目標をもって生き生きと人生を楽しんでいる人は、日常生活の平凡な事柄のなかにも、楽しみを見出すものです。楽しみは、創造的な「成功へのサーボ機構」が目標を目指して作用しているときに、副産物として生み出されるものだからです。

空しさを感じるのは、創造的に生きていないからです。人生を悲観し、自分の目標をもたない人が、「人生には目的がない」などと言うのです。努力するに値する目標をもたない人が、「人生には価値がない」と言うのです。なすべき仕事をもたない人が、「人生にはやるべきことがない」と不平を並べるのです。自分の目標に向かって積極的に努力する人は、人生を無意味だとは考えないものです。

空しさは、自己イメージをゆがめます。精神病理学者が「成功症候群」と呼んでいるものも、その一つです。この種の人は、成功したことが分かったとき、罪の意識を覚え、不安になるのです。人生は空しいもので、自分にはすることさえない、などと考えるのです。そんなことはないのです。真の意味における成功は、だれも傷つけませんし、心の正常な欲求と一致しているものです。あなたが目標を達成するために努力するのは、健康的なことです。

積極的に生きる

自動車は、エンジンが過熱したり、ガス欠になったりしたら、あるいはバッテリーがきれたときは、計器類がそれを教えてくれます。しかも、こうした表示がされても、あわてる必要はありません。近くのガソリン・スタンドに行けばすむことです。

ドライバーにとって最も大事なことは、自分がどこに向かって走っているか、障害物はないか、子供は飛び出さないか、などに注意することです。計器盤にはときどき目をやれば十分です。同様に、ゴルファーにとっては、ＯＢラインやハザード、バンカーなどはちらっと見るだけで十分なのです。常に考えなければならないことは正確に、なるべく少ない打数でラウンドすることだけです。それが積極的に対処する考え方なのです。

もう、賢明なあなたはお気づきでしょう。そうです。私たちが何かの目標をもって行動するとき、いちばん大事なことは、積極的に考えるということです。消極的思考は、軌道修正の信号として処理する場合にのみ有効なのです。マイナス要素は、フィードバックの情報として活用してこそ、生きてくるものです。

10

心の傷を癒す秘訣

身体の傷と心の傷

私たちが怪我をすると、傷痕《しょうこん》組織という元の皮膚より丈夫な、一種の皮膚ができます。これは怪我を守る、いわば自然の摂理なのです。足に豆ができた場合も同様です。これ以上、苦痛や傷害が起きないように、守ってくれているわけです。同じように、私たちは誰かからひどい仕打ちをされますと、心が傷つきます。そして、自己防衛のための「精神的な傷痕組織」を作ります。

ジョージ・トッドは、前途有望な弁護士で、人びとからも好かれ、幸せな日々を送っていました。あるとき、交通事故に巻き込まれ、左の頬の真ん中から口の左端にかけてひどい傷を受けました。もう一つの傷は右目の上にあり、治ったとき上まぶたがつりあがり、にらみつけるような顔になってしまったのです。彼は鏡に映る自分の姿を見て、「意地の悪い目つきをした悪魔の形相」をもってしまった、と思い込んだのです。

悪いことに、退院後の初めての仕事で弁護に失敗しました。それは、彼の「悪魔のような顔」が陪審員に悪影響を与えたためだ、と彼は思い込んでしまったのです。やがて弁護依頼も断るようになり、昼間から酒を飲んで、拗《す》ねた生活になっていきました。彼の顔の傷痕組織は自然の摂理でできたものですが、弁護士の世界では別の意味の傷を作ってしまったのです。仕事上不利だと思い込んだ心の傷は、彼にとっては由々《ゆゆ》しき問題だったのです。

そこで、私の診療所に来たわけです。整形手術で元の顔を取り戻した彼は、徐々に自信も取り戻して、優秀な弁護士として活躍しています。しかし、整形手術が元の生活を取り戻すことに貢献したとしても、それはごく間接的なことです。彼が立ち直れたほんとうの理由は、「心の傷」が癒され、弁護士として社会から受け容れられる「自己イメージ」をもてたことにあるのです。整形手術は、それを可能にするきっかけを創っただけです。

心の傷は人生も歪める

身体に怪我をしたことのない人でも、心にはいくつかの傷をもっているものです。一人の男からひどい仕打ちを受けた女性は、たいていは男性不信になってしまいます。横暴な父親や愛情のない先生に虐待されたと思い込んでいる子供は、権威に反抗します。愛を拒まれた男は、将来、どんな女性も愛すまいと考えるものです。

精神科医のバーナード・ホーランド博士は、非行少年の行動を分析して「彼らはとても気が強く、とくに権威に対しては〝突っ張る〟ところがありますが、それは自分自身に過保護なためです。彼らの心は硬い外皮に覆われていますが、その内部には誰かに頼りたいという『もう一人の人間』がいます」と言っています。

彼らは、人を信じないので、他人と仲良くなれないのです。かつて、大事な人から心を傷つけられたために、傷つけられるような状況に自分自身を置こうとしないのです。いつも身構えているのです。苦痛を防ぐために攻撃するのです。そして、結果的に彼らを慈しんでくれる人たちを遠ざけているのです。

「心の傷」は、自己イメージにも悪い影響を及ぼします。人から好かれないというイメージを、自分で創ってしまうからです。カリフォルニア大学の教育心理学の教授アーサー・W・カム博士は、「心の傷は負のイメージをもたせますから、創造的な生活の妨げになります」と述べています。人は結局、「自己実現」を目指しているわけですから、次の考え方が必要なのです。

①自分自身を、人から必要とされる人間とみなすこと。
②ありのままの自分を素直に認めること。
③他人と一体感をもつこと。
④豊富な情報網をもつこと。

「心の傷」をもっている人は、自分は望まれていない、無能な人間だというイメージをもっているだけでなく、環境や状況も敵対関係にあるとみなすのです。与え、受け容れ、楽しむことをせずに、戦い、叩きつぶして、身を守るという考え方で接するのです。これは、対象に対してだけでなく、自分に対しても愛を感じていない行動と言わざるを得ません。

自尊心をもとう

私たちの周りには、神経過敏と思える人が、結構います。こうした人は、ちょっとしたことで傷つくのです。ちょっとしたことに腹を立てるのは、自分自身に対する評価が低いからです。これは心理学の定説です。しっかりした自己評価ができていたら、自尊心を傷つけられたと感じることはありません。些細なことに嫉妬するのも、自分を低く評価しているからです。実際にはたいしたことではないことに不安を感じるのも、弱い自分を自覚しているからです。

現実におびやかされていることと、そう思い込んでいることから自分を守るには、まず自信をもつことが大事です。負けじ魂をもつのです。多くの人は、自我を守る精神的な防御幕をもっていません。誰もがもっているのは、ちょっとつつけば破れてしまう薄い真皮だけです。実際に危害の心配などないのに、気にしたり、おびえたりせずに、自分の姿を適切に把握し、自尊心をもっていることが大事なのです。

自信のある態度を身につけよう

販売は断られたときから始まると言われますが、確かに「要りません」とか「間にあっています」という最初の断りを突破できれば、商品を買ってくれる人はわりといるものです。「押売りお断り」と表示している人は、自分は説得に弱いことを表明しているようなものなのです。さきほどのホーランド博士の話にもあったように、非行少年の心の殻は固く閉ざされていても、その内側には愛されたいと願うやさしい心根ももっているのです。

どんな人でも愛されたいと思うし、愛を必要としています。同時に、自分に自信があれば、「愛を与える」必要も感じています。得ること以上に与えることを重視するのです。万人に愛されなければならないなどという「とらわれた考え方」はしません。なかには愛してくれない人がいることも知っています。自信のある人は、責任をもって行動し、自分の望むことを追求して止まないのです。つまり、積極的に生きているのです。

反対に、自分の行動結果を他人や環境に転嫁するのは、消極的人間のすることです。人々は、彼に感謝の念を捧げ、幸せをもたらさなければいけない、と思っているのです。彼は、他人に理不尽なことを要求し、それが実現されないと、だまされたと思い込むのです。人生は、そんなふうにできていませんから、彼はいつでも現実と衝突し、心に痛手を受けてしまうのです。

もっと自分を信頼し、自信をもつことが大事です。それを態度で示すことは、もっと大事です。愛や理解は他人に与えるためにあるものです。与えれば返ってくるものです。与えないと返ってはきません。このことを肝に銘じておきましょう。

心の傷はリラックス訓練で治せ

あるとき、患者さんからこんな質問をされました。「傷痕組織が自動的にできるのは自然の摂理だ、とおっしゃいましたが、それじゃ整形手術の場合、なぜ傷痕組織ができないのですか」と。

答えはこうです。あなたが顔を怪我したとしましょう。それが自然に治ったとしても、傷口には「割れ目」のようなものができているので、それを埋めるために傷痕組織ができるのです。整形外科手術の場合は、皮下の少量の肉を切り取ることで緊張が生じないようにするので、表面に傷跡が残らないのです。

同じようなことは、「心の傷」についてもいえます。緊張さえなければ、心の傷は残らないのです。欲求不満とか怒りなどから生じた緊張があると、心は傷つきやすいことをご存知ですか。たとえば友人が訪ねてきて冗談を言い合っているとしましょう。普段なら何事も起こらないのですが、心に問題を抱えていると、友人のちょっとした冗談に、腹をたてたりします。

こうした日常の体験は「私たちが心に痛手を受けたと感じるのは、他人の言動によるのではなく、自分自身の思い込みによる」ことを明確に示してくれます。事実、心の動きは、私たちの「反応」なのです。傷つけられたと感じるのは、私たち自身なのです。

しかし、その同じ私たち自身が、リラックスするだけで心配も怒りも感じないようになれるのです。科学的な実験でも、筋肉がリラックスしているときは、心配や怒りを感じることはできない、と報告されています。ディオゲニスも「人は他人から心を傷つけられることはないのです。自分が自身を傷つけるのです」と喝破しています。

セント・バーナードも「私に危害を加えられるのは、私以外の誰でもないのです。私が心に痛手を受けるのは、私の不徳の致すところで、それを与えるのは私自身なのです」と述べています。あなたの行動に責任を取らなければならないのは、あなただけなのです。それなら、リラックスして「心の痛手」を受けない訓練をするのがいちばん良い方法です。

マサチューセッツ州のシャーリー・センターでは、集団心理療法として「思考をコントロールする集団訓練」を行っています。これは、一種の「リラックス訓練」です。患者さんたちは、先生の楽しい話を聴きながら、楽な姿勢で横たわり、リラックスするように指導されます。

この「リラックス訓練」を受けて心の傷を治した女性の患者さんが、こんな述懐をしています。「私は七年もの間、夜も眠れない有様でした。しょっちゅう癇癪《かんしゃく》を起こしていました。ぐうたらな亭主をもってしまった、と、いつも思っていました。夫が飲んだくれて帰って来ると、口汚くののしり、ヒステリーを起こしていました。夫は心の安らぎを求めて帰って来るのに、私は尻を叩いて〝男の戦いの場〟を家でも再現していたのです。

いまは違います。愚痴などは言いませんし、穏やかにしておれます。夫を支え、うまくいっています。いままでは、敵と生活している気分でした。ちょっとしたことも大げさに考え、自殺しかねない状態でした。センターの訓練で、悪いのは生活環境ではなくて、自分自身だということに気がついたのです。

いまはとても幸せで、健康です。以前はリラックスなどしたことがありません。眠っているときでさえ、そうでした。いまは違います。以前のようにイライラすることも、セカセカすることもなくなりました。同じ量の仕事をしても、以前のように疲れることもありません」と。

許し、忘れる

「心の傷」は、「心の手術」で治すのがいちばんです。たとえば、夫が浮気をし、それを知った奥さんの場合を考えてみましょう。彼女は教会の牧師さんのところに行き、相談をするでしょう。牧師さんは多分、「許してあげなさい」と忠告するに違いありません。その結果、彼女はご主人に拳銃を向けることもないでしょう。もちろん、見捨てることもしません。それどころか、表面は「貞節な妻」として振舞い、おいしい食事も用意するのです。でも、どことなくよそよそしいのです。ご主人がちらっと不満を口にすると、「私はあなたを許しましたよ。しかし、忘れはしません」と言うでしょう。

ヘンリー・ウォード・ビーチャーは「『私はあなたを許します。しかし、私への仕打ちは忘れません』と言うのは、『私は許しません』というもう一つの表現です。許しというのは、支払済みの手形用紙みたいなもので、破って捨てるべきものです。二度と人には見せるものではありません」と述べています。

ほんとうに許すなら、忘れ去るべきです。忘れ去ることは、心の古傷に残った膿みをきれいに取り出して治すということです。中途半端な許しは、一部だけ治した顔の手術より始末が悪いものです。

人の過ちを許し、忘れてあげることはたいせつです。でも、現実には、なかなかこれができません。ほんとうの意味での「許し」は、心の傷を治す効果があるのに、それに気づいていない人が大勢いるのは、めったに許しが行われないからです。「復讐だけを考えてはいけない。敵を許せば精神的に優位に立てる」という口当たりのいい言葉も、「許し」を誤解しているのです。

ほんとうの「許し」はむずかしいことではありません。ただそうしたいという気持ちを固め、非難する気持ちをもたなければいいだけです。しかし、非難する気持ちは捨てにくいもので、そのために許すことがむずかしいのです。非難や批判からは、良い結果は生まれません。その後に残るのは憎しみや反抗だけです。

私たちは、他人から傷つけられることがありますが、自分自身で心の傷を創ることもあります。いわゆる「自責の念」にかられるのです。後悔するというのも同断です。こうした感情は、過去に犯した過ちを過去にさかのぼって修正しようという試みです。私たちは過去に生きているわけではないので、情緒的に過去に反応することはできないのです。感情的な反応は、現実の状況にだけ作用するのです。過去と戦って勝った人はいません。その意味でも、忘れるというのは、大事なことなのです。

「あなた」と「あなたの間違い」は違うもの

間違いについて考える場合、私たちが間違いやすいのは、「自分の行動」と「自己」を混同視する点です。私はかくかくの行動を取ったのでしかじかの人間だ、と結論づけてしまうのです。「私は失敗した」と言ってもかまいませんが、「私は失敗者だ」とは言わないことが大事です。この表現は、「失敗」と「あなた」がいっしょになってしまうおそれがあるからです。

たとえば、子供が言葉を覚えていく過程で、ときにはどもることがありますが、このとき親は間違っても「この子はどもりだ」などと言ってはいけません。子供は親の話を聞いて、「私はどもりだ」と思い込みます。すると、それが固定化して、ほんとうにどもりになってしまうのです。

どもり研究の権威者ウェンデル・ジョンソン博士は「徐々にですが、私たちは長いこと見過ごしてきた原理に気づき始めています。話し言葉の学習問題についてよく知らない親から「どもりだ」と言われてから、どもる回数が増えるという子供が多いのです。親がもっと理解してあげる必要があります。たとえば、どもりでない子供の両親を調べてみますと、『いまはうまく言えなかったね。だけど、今度は大丈夫だよ』という表現をしていますが、どもりの子の両親は『うまく話せないね』と断定的表現をすることが多いのです」と述べています。二〇年以上も習慣と学習の関係を研究したナイト・ダンロップ博士は、どんな習慣作りにもこの原理は応用できます、と言っています。そして「悪い習慣を直したいと思ったら、まず自分を非難することを止めることを学ばないといけません。『私はダメ人間だ』とか『私は価値のない人間だ』という判断は、とくに有害です」と述べています。

創造的に生きるためには、少しぐらい傷つくことを恐れてはいけません。その意味では感情表現の面で、多くの人は「ツラの皮」を厚くする必要があります。しかし、その中には人を信頼し、愛し、心を開いて積極的に対話し、そのために傷つけられることを恐れない心を秘めていることが大事です。

人生を悲観し、心の傷を負ったまま生きるのは、過去に生きるということです。これは老人特有の生き方です。若々しい生き方は、充実した現在と明るい未来を見つめる生き方です。積極的に生きるということです。少しぐらいの間違いは恐れない、という生き方です。

11

個性を開く

心のフィードバック機能を生かす

どんな人でも、個性をもっている。素晴らしい個性をもっている、と言う場合、それは、ほんとうの自己を表現できている人という意味で使います。逆に「個性に乏しい」とか「個性を殺している」と言う場合は、ほんとうの自己を表現することを抑えている、という意味で使います。

「抑える」ことは、いろいろな言葉で表現されます。「はにかみ」や「臆病」、「自意識過剰」、「反抗」、「罪悪感」、「不眠症」、「神経症」、「イライラ」、「協調性の欠如」などなどです。「欲求不満」もその一つです。欲求不満は、自分自身を表現することに失敗したり、「自分自身であること」にしくじったりしたときに起きます。

サイコサイバネティックスは、抑圧された個性に新しい見方を教えてくれました。何物にもとらわれないで個性を発揮する方法を示してくれました。とらわれた心を解き放つ方法を教えてくれました。それは、目標をもって行動すれば、フィードバック機能が働いて、「あなたの行動は目標へのコースからはずれています。正しいコースに戻る修正行動をとる必要がある」ことを示してくれるのです。

心のフィードバック機能は、目標達成のための行動が、さまざまな抑圧でくじけそうになったとき、正しい方向へ軌道修正をする「成功へのサーボ機構」がもっている働きの一つです。たとえば、猟師が山に入る場合、狩が終わって元の場所に戻って来ることができるように、要所要所に目印を付けておくそうです。猟が終われば、その目印を頼りに、正確に戻って来ます。この原理は、すべてのことに適用できます。

たとえば、大勢の人の前で話をするとき、「えー、ただいまご紹介いただきました……」などとやりますが、その第一声の「えー」は、自分の声がいつもの調子で出ているかどうかを、自分の耳でチェックしているのです。換言すれば、フィードバック・データを耳で受け取っているのです。

自己批判は症状を悪くする

E・コーリン・チェリー博士は、「どもりは治そうと躍起になってもいけません。そうすればするほど、どもりはひどくなります」と指摘しています。博士は、どもりの重症患者二五人を集め、こんな実験をしました。その人たちの耳にイヤホーンを付けさせ、患者自身の声を自分で聞けない程度に音量を上げた音楽を耳に流しながら、用意したテキストを音読させたのです。すると、どもりが著しく治ったのです。イヤホーンの音楽が、自分自身の声をチェックさせなかったために、患者さんたちは自分がどもっていることを「自己批判」できなかったのです。そこで、どもりが矯正されたのです。

もう一つのどもりを治す実験グループでは、こんな方法が試みられました。ラジオのアナウンサーが話していることを一緒に話す（ただし声には出さない）という「シャドー・トーク」訓練です。この訓練でも、どもりを治すことに成功しています。要するに、自己批判をする状態を創りださせないと、抑圧感も不安もなくなるので、自分がどもりだということを忘れてしまうのです。どもりを意識しすぎることもないわけですから、話し方が良くなるのです。

リラックス訓練の効用

あなたは針に糸を通したことがありますか。糸の先端を針穴に近づけると、不思議に手が震えて、二度、三度と失敗することがあります。小さな口をもったビンに水を入れようとすると、似たような震えが生じることがあります。医学的には「成功への緊張からくる震顫《しんせん》」と呼ばれている現象です。失敗しちゃいけないという意識のしすぎが起こさせる現象です。

講演で有名な人が、聴衆の一人から「先生のお話を伺ってたいへん感銘をうけました。記念に一筆いただきたいのですが……」と色紙を出されて、やむなく筆をとったところ、指先が震えてうまく書けなかった、と述懐していましたが、これも同じ原理からくる現象です。

こうした人には、「リラックス訓練」をおすすめします。それは、意識しすぎや「成功への緊張」から解放されることを教えてくれます。どもっちゃいけない、と意識しすぎてどもるのと同じで、結果的には行動を悪いほうへ引っ張っていってしまうのです。そのフィードバックしすぎを直すのが、「リラックス訓練」です。「間違ったことを話してはいけないので、話はしません、間違ったことをしてはいけないので、何もしません、という完全主義者は嫌いだ」と言ったのは、ヘンリー・ウォード・ビーチャーです。

ウィリアム・ジェームス教授も「暗唱をさせられてまごまごするのは、どんな生徒ですか」と聞かれて、「とちる子は〝失敗しちゃいけない〟と考える子です。逆にうまくやる子は、〝あまり意識していない〟子です。暗唱だけでなく、試験にも同様のことが言えます。試験日の前日までは一所懸命に勉強するのは結構なのですが、前の晩になったら『勉強はこれでおしまい。試験の結果はどうでもいい』と自分に言い聞かせて、さっさと寝てしまうことです。次の日の試験結果は、これからもずっとこれでいこう、という気持ちにさせるほど良いこと請け合いです」と答えています。

自意識は他意識にほかならない

私たちは日常、他の人との接触のなかで、いろいろな仕草や言葉の端はしから、自分の次の言動をどのように修正したら良いかを読み取ります。サイコサイバネティックス流に言えば、他人からのフィードバック・データを受け、心の「成功へのサーボ機構」で修正し、自己の創造的行為に反映させる、ということです。

名優と言われる人は、観客や聴衆の反応を敏感に読み取りながら、それをフィードバック・データとして名演技を創りあげていくのです。こうしたことは、われわれにも当てはまります。他人からのコミュニケーション・サインを上手に活用できる人が、社会に適応して行動できる人だということです。反対に他人と共感できない人は、失敗するおそれのある人だということです。

他人に良い印象を与えようと思ったら、それを意識しないことです。他人があなたのことをどう思っているか、意識しないことがたいせつです。「他人がどう思っているか」を意識しすぎると、それが現実の問題であれ、創造の世界の問題であれ、あなたの心の重荷になってしまいます。それは、あなたの創造的な自我を押さえつけてしまいます。

有名なセールスマンで、講演などにも引っ張りだこのジェームス・マンガンでさえ、こんなことを述懐しています。たとえば豪華なホテルの食堂などで食事をするとき、自分の一挙手一投足に他人の目が注がれていると思ったのです。当然、立居振舞いもなんとなくぎごちなく、普段の自分でないことが分かるほどだったというのです。

彼は、テーブル・マナーの点では人後に落ちるとは思っていませんでしたし、社交儀礼も十分にわきまえているつもりでした。そこで、どうしたら普段のように行動できるかを考えてみました。彼が思いついた解決策は、両親と一緒に食事をしている光景をイメージしながら「そのように振舞う」ことでした。いまでは、くつろいだ気分で食事を楽しめるようになっているそうです。

マンガンは「未知の状況に直面して平静でおられるようにする訓練は、自分が普段の生活のなかにいるというイメージを描く訓練です。それができるようになれば、制御不可能な状況から生じる緊張感から解放されます」とも言っています。

有名な教育学者で心理学者のアルバート・エドワード・ウィガム博士は、青年時代、とても内気で、人と話していても、うつむいてボソボソと話をする有様でした。この態度をどうするか、彼には問題でした。ところがある日のこと、ハッと気がついたのです。彼の問題は「自分を意識すること」ではなくて、ほんとうは「過度に他人を意識していること」だったのです。ウィガム青年は、自分の挙措《きょそ》動作を他人がどう思うかを意識しすぎていたのです。それが、彼を苦しめていたのです。

それからは、彼は自意識過剰を克服しようと努力することを止め、いつも彼が普段に振舞っているように行動しようとしたのです。しかし、他人の反応を無視しようと思ったわけではありませんから、結果的には過度のフィードバック機能を和らげ、他人とうまくやっていけるようになったのです。

良心は人を臆病にする

「良心があると、人は臆病になる」と言ったのはシェークスピアですが、現代の精神科医も同じことを指摘しています。良心は道徳や倫理と関係がある特性です。それは学習されるものです。だから記憶されたデータが正しいとすれば、あなたはそれを指針として行動すればいいわけですから、心の重荷になることは何もありません。

しかし、ハリー・エマーソン・フォスディック博士も指摘しているように、「あなたの良心は、あなたをもだますことができる」のです。つまり、良心自体も誤りを犯すのです。あなたが正しいと思っていることが、現実的で分別のあるものなら、道徳と倫理の海を正しく航海する羅針盤の役割を果たしてくれます。しかし、あなたが正しいと思っていたことが、時代が移り変わると、正しくないということになることもあります。そうなると、あなたの羅針盤は、正しい位置を示さないことになるのです。

他人を殺し、頭皮をはいで部屋の壁に飾ることが男らしさの印だと信じるように育てられた男が、殺人は罪だと言われても、戸惑うのは当然でしょう。このように、良心はそれ自体が、さまざまな様相を見せるのです。

良心の意図するところは、私たちを幸せにすることにあります。それを指針とするなら、「社会的に受け容れられること」に基づいて良心がある、ということが大事なのです。ところが、おしゃまな行動をしてしまったために、大人からそんなことをしちゃダメと言われたとすると、自己表現は道徳的に間違ったことになります。そして、素直に感情を表すことは間違っていると学ぶことになるのです。

このように、子供が何か言うたびに押さえつけられたら、「何もしない人間」が正しく、

「積極的に行動する人間」になろうと努力することは間違っている、と学ぶわけです。このゆがめられた非現実的な良心が、私たちを臆病にするのです。私たちは、「それは実行するに値するかどうか」を気にしすぎるのです。そう思うのは、良心があるからなのです。

個性を解き放つ

あなたが前述のような精神的な抑圧のために失敗を経験しているとしたら、あなたの個性を発揮する訓練を計画的に行う必要があります。それは、意識しすぎないように、また真面目すぎないようにする訓練です。話す前に考えることをしないで、まず話をする訓練です。「初めに行動ありき」を訓練で身につけるのです。

私が「心を解き放つ訓練」をするように言うと、「意識しすぎや結果について思い悩むなと言っても、現実には〝ある程度の〟自己抑制は必要です。それでないと、動物みたいな生活をすることになり、文明社会は崩壊するでしょう。精神的な抑圧因子を無視して自分の感情をもろに表現しようとしたら、四六時中喧嘩をしていなければなりません」と反論します。

確かにそのとおりです。しかし、大事なのは「ある程度の」という点です。法的秩序や自己規制は、社会全体の調和を保つために欠かせないことです。たとえば、人間は温血動物で、一定の体温がないと生きていけません。しかし、この場合も、「一定の」体温が肝心で、高すぎても低すぎても異常な状態なのです。それと同じように、社会的な行動にも中庸が必要なのです。

問題はバランスということです。では、どうやって異常と言える言動を診断するか。たとえば「自信過剰だよ、あなたは」とか「関係ないことに口出しは無用」、「お前はいつも、自分の間違いを認めようとしない」と言われるようなら、ちょっとだけ行動を反省してみるのも無駄ではないかも知れません。しかし、たいていの人は、この範疇には入りません。

はにかみ屋で、人前に出ると膝が震えたりするという人がいます。この人たちは自己抑制が過ぎているのです。セント・パウロの「何事にも心を労するなかれ」という言葉を噛み締めなければならない人たちです。この種の人たちは、ぜひ次のことを実行してください。

1　言おうとする前に、どうしたらうまくしゃべれるか、などと考えてはいけない。自然にしゃべり始めて、話しているうちに修正すべきことが生じたら即席で修正すれば良い。

2　明日のことを思い煩ってはいけない。行動する前に考えてもいけない。魚雷と同じように、標的に向かって行動を開始し、コースを外れたら修正すれば良いのです。A・N・ホワイトヘッドは「私たちは考えてから行動するようにはできていないのです。生まれた瞬間から行動し、行動のなかで考えながら行動をうまく導いているのです」と述べていますが、これが大事なのです。

3　自己批判は止めよう。「間違っていたかな」とか「こう言うべきではなかった。どうも誤解されたようだ」などと考えて悩むことは止めよう。適切なフィードバックは、心の「成功へのサーボ機構」の働きの一つです。過去の行動に「ああすれば良かった」などと考えるのは敗北的行為なのです。過去と戦って勝った人は一人もいません。

4　いつもより大きな声で話す習慣を身につけておきましょう。自制心のある人は、物静かに話す傾向がありますが、意識的にいつもより大きめの声ではっきりと話すようにしてください。何か重い物を持ち上げるとき、大声で気合をかけると、一五パーセントは余計に力が入ると云われますが、これも同じ原理が働いて、抑圧が解かれるからです。

5

好感がもてたら、遠慮せずに言葉で表現しなさい。

自己抑制の強い人は、嫌悪感を表すことに消極的ですが、好感を表現することにも控えめです。ご機嫌をとっているようで気が引けるのかも知れませんが、そんなことを思い煩わずに少なくとも毎日、三人の人を褒めなさい。あなたが結婚しているなら、少なくとも一日に二回は「愛しているよ」と奥さんに言うようにしましょう。

12

生活をリラックス・モードへ

あなたの習慣をチェックしよう

いまあなたは、ご自分の部屋で読書をしているとしましょう。そこに突然、電話のベルが鳴ったとしましょう。あなたは多分、本を読むのを止めて、電話の受話器に手を伸ばすでしょう。サイコサイバネティックス流に言えば、ベルは刺激で、あなたはその刺激に反応して、本を読んでいる行動を中止し、「自分を動かして」受話器を取り上げるという別の行動を起こした、ということです。

私が明らかにしたいのは、この点なのです。あなたがその気になりさえすれば、ベルを鳴らしっぱなしにしておいて、電話に出ないことだってできたわけです。もともと電話のベルは、あなたを動かす力などもっているわけではないし、ベルの音だってなんの影響力ももっていないはずです。ところが、あなたは受話器を取り上げた。これは、あなたが現在に至るまでいつも、まったくの習慣で、電話のベルが鳴れば受話器を取り上げるという反応をしてきたからです。

有名なパブロフの実験の話はご存知でしょう。そうです。彼は、犬に餌を与える前にベルを鳴らし、それから餌を与えるようにしたのです。ベルが鳴り、数秒後に餌が出される。この条件付けが繰り返されると、やがて犬は、ベルの音を聞いただけでヨダレを垂らすようになります。ベルの音は、犬にとっては餌そのものではないのですが、習慣付けられて、ベルの音を聞くとヨダレを垂らすという反応をしたにすぎないのです。

しかし、犬だからと言って笑って済まされないのです。私たちの日常生活のなかには、習慣的に反応を起こさせる「ベル」がたくさんあるからです。たとえば「知らないおじさんから、キャンディーをもらってはいけませんよ」とか「知らない人の車には乗ってはいけませんよ」と親から言い聞かされた子は、知らず知らずのうちに未知の人を怖がることを学んでいるのです。その「ベル」はこう告げます。「危険だぞ、逃げなさい」と。つまり、私たちは習慣的に、慣れた方法で反応するのです。換言すれば、「ベル」の言うままになるのです。

習慣は変えられる

だが私たちは、意思の力で「電話のベルを鳴らしっぱなしにしておく」こともできます。電話なんか放っておけ、いまは読書を楽しむのさ、と自分に言い聞かせるだけでいいのです。実は、このように習慣的な反応を意思の力で変える訓練をすることは、怒りや不安といった感情の動きが外的な刺激を与えられた結果として生じるものではなく、私たち自身の反応によって起こされることを理解するうえで、大きな効果をもっているのです。

メリー・スミスさんは、人ごみのなかにいると、そわそわして落ち着かなくなるのです。いたたまれなくて、逃げ出したくなるのです。この悪い習慣を直すために彼女が考え出した方法は、『風とともに去りぬ』のヒロイン、スカーレット・オハラの良く知られた台詞を活用することでした。「そんなこと、いま心配してもしようがないわ。ぐっすり寝て、明日考えましょう」という台詞です。「反応を遅らせる」ことで、不安の気持ちを和らげる方法を取ったのです。

人ごみのなかにいて、逃げ出したくなったら、彼女は自分にこう言い聞かせるのです。「こんな人ごみの中なんかにいたくない。よろしい。でも、三分間だけ待ちましょう。三分間我慢すりゃいいのよ」と。怒りをおぼえたら、手を上げる前に「一〇だけ数える」ことは、同じ原理による、怒りを鎮める良薬なのです。反応は緊張を意味します。反対に反応がない状態は、リラックスしているときです。人間は、筋肉が弛緩しているときは、怒ったり、不安を覚えたりはしないものです。筋肉の緊張は「行動への準備」とか「反応への用意」を意味します。これに対して筋肉の弛緩は、「心のくつろぎ」や「リラックスした状態」を創ります。

現代社会は、ストレスに満ち溢れた社会です。だからこそ、怒りや不安の感情も満ち溢れているのです。その意味では、バランスとかハーモニー、つまり調和とか中庸ということが大事になるのです。バランスをとるということは、一方で緊張があるなら、他方で弛緩がなくてはならない、ということです。どんな強いゴムでも、伸ばしっぱなしにしておく（緊張させておく）と、元に戻らなくなるのと、理屈は同じです。心は柔軟性があって、緊張に耐えますが、休ませることも必要なのです。緊張と弛緩、これを交互に組み合わせて、生活のリズムを創る。これであなたの心は健全になること請け合いです。

心のなかに「静かな部屋」を

心を安らげる方法としては、「リラックス訓練」が良いと述べました。それを「イメージ訓練」と併用すれば、効果はもっと上がります。それに関連することですが、マルクス・アウレリウスはこう述べています。「人は、自然のある田舎へ、海へ、山へと逃避行を企てる。この行動は、凡人の最も好むところである。しかし、もっと良い方法がある。自分の心のなかに〝静かな部屋〟を創って、そこに入るのである。自分の心のなかほど静かな場所は、他にないのである。しかも、そこには自ら好むときに籠もることができる。

とくに、自らの心を見つめ無心の境地に入れる人にとっては、そうである。自らの心の部屋に籠もり、自らを新たにするが良い」と。

第二次世界大戦の末期に、ハリー・トルーマン大統領は、「あなたはいま、かつてない緊張が続くなかで激務をこなしておられます。これは驚異的なことですが、その秘密は?」と聞かれて、「私には〝一人用の塹壕《ざんごう》〟がありますから」と答えています。兵士たちが塹壕で休息するのと同じように、大統領も自分の心の塹壕に引きこもり、その時間だけはリラックス・タイムとしていたのです。

私たちも心のなかに、自分だけの「静かな部屋」を必要としています。ここで生活の悩みや苦しみを軽減させ、新たな現実に対処する力を育むのです。またそれは、あなたが創造の力で創りあげた部屋ですから、心の休まるインテリアで飾りましょう。また、あなたを桃源郷に誘うロッキング・チェアを置くのもいいでしょう。心和む窓からの景色を描くのもいいでしょう。ただし、音だけはいけません。あくまでも「静かな部屋」にすべきです。

あなたの日常生活も多分、忙しさの連続でしょう。緊張が高じることがあっても無理からぬことです。イライラしだしたら、あなたは迷わず「静かな部屋」に逃げ込むのです。それは、わずか二、三分の時間で効果があるのです。バスに乗っているときにも使えます。

　ここにいれば、悩むことは何もないのです。それはまさしく「現実逃避行」ですが、それはそれで、日常生活には必要不可欠なことでもあるのです。広い意味で言えば、眠ることだって、雨のなかで傘を指すことだって、休暇を取って旅に出ることだって、みんな現実からの逃避行動と言っていいのです。雨や風などから身を守るために家を必要とするように、私たちの神経系も、環境の絶え間ない刺激から解放されるための休息の場と時間を必要としているのです。

気分の繰り越しをしない

　計算機を使う場合を考えてください。新しい計算にかかる前に必ず前の計算を「クリア」にしてからでないと、正しい答えは得られません。心のなかの「静かな部屋」にも、同じ働きをもたせるのです。ストレスや悩みは、「静かな部屋」に入ったときに、クリアにしておくのです。ところが現状は、この「考え方」が一般的には行われていません。だからビジネスマンは、一日中働いた心労と「仕事の気分」を、家庭にまでもち込むのです。張り詰めた気分だけをつれて、家路を急ぐのです。そして、欲求不満を家で爆発させるのです。ですから、家にいても、くつろげないのです。家のなかでは会社の仕事に関する問題は解決できないのを知っていて、家族に当たり散らすのです。

多くの人は、休息すべきベッドに問題をもち込むのです。気分的に何かをすべきでないときなのに、焦って何かをしようとするのです。その意味では、気分転換を上手にすることは、とても重要です。たとえば一日のうちでも、私たちはいろいろな精神的状況下におかれます。上司と仕事の打ち合わせをしているとか、お得意先と商談をしているとか、学友と一杯やっているとか、それぞれ異なった精神状態にあるのです。また、それぞれに特有の立居振舞いが要求されます。

このように、私たちは多面的な「生活の場」に合わせて、行動しているわけです。そこでの気分も臨機に応変させていく必要があるのです。夫婦喧嘩をしてムシャクシャした気分のまま会社に行き、それを引きずったままお得意様と値段の交渉をしたって、良い結果が得られるわけはありません。

こんなこともあります。ある重役が部下の失敗に我慢ができず、怒鳴り散らしているときに、電話のベルが鳴ります。その重役は、習慣的に受話器を取り上げます。このケース、どうなるでしょう。怒った気分のまま受話器を取り上げたら、その気分は間違いなく、何も知らない電話の向こうの相手に伝わります。場合によっては、まとまる話も壊れてしまう、ということもあり得ます。その会社では、その後、電話のベルが鳴ったら、五秒間微笑んでから受話器を取り上げるように指導しているそうです。

保険会社や交通事故調査会社の人に聞くと、夫婦喧嘩や上司との口論を引きずったまま、自動車を運転するのは危険極まりないそうです。その種の事故が多いことは、統計が教えてくれるとのことです。現実に、目前に展開する状況に対応しながら、頭のなかでは喧嘩の続きをやっていては、神経系は無意識のうちにその指令をうけているので、他のドライバーに敵意をもっていなくても、車をぶつけることになりかねないのです。

私は、整形手術の直前と直後に、私の心の「静かな部屋」への逃避行をします。手術には集中力と平静さ、沈着さなどが必要ですが、そこへイライラや悩みをもち込んだらたいへんなことになります。だから私は、「静かな部屋」でリラックスした数分間を過ごし、心をクリアにしてから手術に臨むのです。そして手術が終わったら、もう一度「静かな部屋」で数分間を過ごし、いつもの日常生活を送れる心の準備をするように心がけています。

あなたが平静でおられるか、心を乱されるかを決めるカギは、あなたの周囲にはないのです。外的刺激がそれを決めるわけではないのです。そのカギは、あなたの心にあるのです。このことは、肝に銘じておくべきです。電話のベルに心を乱されるのは、あなたの心なのです。『電話は鳴らしっぱなしにしておけ』という意思さえもっておれば、イライラすることなどないのです。「波が絶えず打ち寄せる海岸の岩のごとくあれ。波が砕けちろうと、岩は毅然としてそこにあり、波をなだめる」とマルクス・アウレリウスも述べています。

「何もしない」効用

人は本質的には、反応者（リアクター）ではなくて行為者（アクター）です。私は本書の全編を通じて周囲（環境ないし対象）に適切に反応する方法を説明してきましたが、人はそれを闇雲にするわけではないのです。目標志向の行動を取るわけです。私たちはまず、自己イメージを確立し、それに立脚した目標を設定し、それを達成するための行動を起こすわけです。何はともあれ「行動」するのです。そうすれば、心の成功の仕組み（「成功へのサーボ機構」）が働いて、私たちは目標達成への過程で、目前の状況に適切に反応できるわけです。つまり、反応と言っても、私たちの進歩を助長し、目標達成に役立つ反応をするわけです。

フィードバック・データが目標への方向性を示してくれないときは、私たちは反応しないことが適切な行動となります。前に私たちは、「現実」と「そう思い込んでいる現実」を、区別できないと学習しました。こうした場合には、何かを「する」ことによってではなく、何も「しない」ことによって感情を鎮めることがいちばん良いのです。

こういう考え方は、「一種の応急手当の道具」としてもっていると便利です。心の動揺は反応しすぎることで引き起こされるのです。反応しない（電話のベルを鳴らしっぱなしにしておく）ことで、あなたの心を乱す刺激との間に「心の壁」を創るのです。そうすることによって習慣的な反応を遅らせるのです。それは過度の反応という条件反射を直せるのです。

リラックスは自然の精神安定剤です。リラックスする方法を身につけ、日々活用するのは有益です。前述の「静かな部屋」を心のなかに創るのです。具体的には、こうします。静かに座り、電話のベルを鳴らしっぱなしにしている自分をイメージするのです。ベルの音に身体が動きそうになったら、こう言い聞かせるのです。「私はベルを鳴らしっぱなしにしている自分を楽しんでいるのだ」と。

この「何もしない」方法は、いろいろな局面に使えます。たとえば、同僚が怒鳴っているとしましょう。あなたはその間、多忙な時間を落ち着いて処理している自分をイメージするのです。周囲のことには無頓着にマイペースで目標達成へ向けて努力している自分をイメージするのです。こうした「イメージ訓練」を積み重ねると、やがて現実の状況に対しても、落ち着いて行動できるようになります。

13

ピンチをチャンスに変える

ピンチに力を出す

私は、ある有能なプロゴルファーを知っています。彼は、ホーム・コースではいいスコアでラウンドするのですが、トーナメントになるとパー・プレーもおぼつかない有様で、予選落ちしたりするのです。いわゆるプレッシャーに弱いのです。野球で言えば、たいていのピッチャーは、絶妙のコントロールをもっています。ところが、突然に乱れてピンチに陥ってしまうピッチャーがいたりします。

では、どうして、緊張させられる状況下におかれて、ある人は力を発揮し、ある人はガタガタに崩れてしまうのでしょうか。ある有能なセールスマンがいて、彼は普段、良い成績をあげているのですが、重要なお得意様の前に出ると、説明がしどろもどろになってしまうのです。友達同士の雑談のときには、ユーモアのある洗練された会話ができるのに、公式の会合となると舌がこわばり、別人のようになってしまう人がいます。そうかと思うと、普段は目立たない人なのですが、大勢の人の前だと、実にウィットに富んだ話をして、パーティーの席などで光り輝く女性もいます。普段の授業では先生の質問にテキパキ答え、勉強も良くできるのに、試験となると低い点数しか取れないという子がいます。反対に、いつもは平凡な生徒なのですが、試験になると素晴らしい成績をあげる子もいます。

こうした差異は、緊張を強いられる場でどう対処すべきかを、どう学んできたかによって生じるのです。「ピンチ」は、あなたの能力を伸ばすこともあるし、あなたをダメ人間にすることもある、ということです。その状況下で適切に対応すれば、普段のあなたからは考えられない力や知恵を発揮できるものです。反対の場合は、あなたがもっている力の一割も発揮できないのです。

スポーツの世界でも、ビジネスの世界でも、困難な事態を克服して水際立った行動のとれる人は、いわば「金になる人」です。そのためには、次のことが要求されます。

1　状況を意識しすぎない技術を学ぶ。

2　ピンチに際して、受身にならずに積極的に挑戦する態度がもてること。

3　「危機的状況」を正しく評価できること。

プレッシャーのかからない状況下で学ぶ

私たちは、ピンチの場で事を処することは、比較的素早く学びますが、それが納得できる形で身につくことはありません。たとえば、泳げない人に手っ取り早く水泳を教えるなら、彼を深い水のなかに放り込めばＯＫです。「危機的状況」自体が、彼に泳ぎ方を覚えさせると思います。さりとて、競技会に出場できる泳ぎ方をそこで覚えることにはなりません。ほんとうの泳ぎ方を身につけていないと、長距離を泳がなければならない場合には、溺れてしまいます。

心理学者で動物行動研究の専門家でもあるカリフォルニア大学のエドワード・C・トールマン博士は、動物も人間も、学習中に外界の「認知図」を創る、と述べています。その「頭のなかの地図」は、危機を感じる状況下でなければ、広範囲に応用できるものになります。ところが、緊張を強いられる場合には、この認知図は限られたものになりますし、問題解決方法の一つだけを学ぶようになります。将来、この唯一の方法が使えないとなりますと、動物は欲求不満に陥り、別の方法を見つけようとはしません。

たとえば、なんの危険も感じない状況下で、ネズミに餌も水も十分に与え、迷路のなかを自由に歩かせるようにします。ネズミは何も学習したようには見えませんが、このネズミを空腹状態にして迷路に入れますと、目標に素早く到達するのです。反対に、空腹と渇きの状態にしたネズミを、迷路に入れて同様の実験をしてみますと、前のネズミほどうまく行動できなかったというのです。このネズミの認知図は限られたもので、目標へのルートも固定されていたのです。

これでお分かりのように、何かを学習する場合、状況の危機の度合いが強ければ強いほど、学ぶことは少ないのです。ハーバード大学のジェローム・S・ブルーナー博士は、迷路のなかの餌に到達するルートをネズミがどうやって学習するか、二つのグループを使って実験しています。その結果、餌を一二時間与えなかったグループは、六回の試行でルートを学び、餌を三六時間与えられなかったもう一つのグループは二〇回以上も試行した、と報告しています。

人間も同じです。たとえば、普段の状況下で火災時の避難訓練をしますと、恐怖感がありませんから、冷静に行動します。この避難訓練を数回やりますと、いざ火事という場合にも冷静に行動すると予想できます。彼らの脳と神経系は、柔軟な「認知図」を記憶しているからです。避難訓練のときの冷静な態度は、現実に火事に遭ったときにも、臨機応変に行動できるようになっているのです。予行演習とか予行訓練と言われるものがいかに有効か、お分かりいただけたと思います。それは、プレッシャーのかからない状況下で学んでいるからです。

「シャドー・ボクシング」の威力

ジェントルマン・ジム・コーベットは、「シャドー・ボクシング」という言葉を普及させたボクサーです。「ボストンのストロング・ボーイ」というニックネームをもつジョン・L・サリバンをノックアウトするために、彼は鏡の前で正確な左ジャブを一万回以上も練習したのです。鏡に映る自分をサリバンにみたてて練習したのです。

スコットランドの有名な喜劇俳優サー・ハリー・ローダーは、観衆の前で演技するまでに、一万回もの予行練習をしたそうです。彼も「シャドー・ボクシング」をしていたのです。ビリー・グラハム師は、あの感動的な説教法を身につけるまでに、フロリダの杉の切株に向かって、何百回も説教の予行練習をしていたのです。ゴルフの神様と云われるベン・ホーガンは、ゴルフ・クラブを寝室に置き、リラックスした状態で実際にボールを打っていることを想像し、クラブを正しく振る訓練を毎日欠かさなかったそうです。また、トーナメントに出場しても、実際にショットする前に、イメージ・ショットをし、正しいスウィングの記憶を描いてから、実際にボールを打ったと云います。

「シャドー・ボクシング」のやり方は簡単ですが、効果はびっくりするほどで、魔法をかけたのではないか、と思うほどです。この話に関連して思い出すのは、ある老貴婦人のことです。彼女は社交的な会合に出るのが苦手で、何かあるといつも神経がピリピリする有様でした。そこで、あるとき「シャドー・ボクシング」の話をしてあげたのです。

ある日、彼女から手紙をもらいました。そこには、こう書かれていました。「誰もいない部屋で、私は一〇〇回以上も『表玄関』を創りました。そこで『想像上の数え切れないお客様』と握手し、微笑みを交わし、一人ひとりに言葉をかけたのです。それからお客様を案内して優雅に歩いたり、談笑したりしました。いま、私は最高に幸せです。先日の舞踏会で経験したひと時は、私自身が驚いています。いくつかの場面では、私も予期していなかったし、練習もしていませんでした。上手にアドリブを入れて振舞っている自分に気がついたのです。主人は、先生が私に魔法をかけたと思っているようです」と。

「シャドー・ボクシング」ではプレッシャーがかかりませんから、正しい行動が学べるのです。それが、記憶のなかに「認知図」を創るのです。その「頭のなかの地図」が、現実に対して冷静に行動させるのです。あなたの脳のなかに、正しい行動を刷り込んでいるのです。リラックスした状態で学んだから、緊張したときも臨機応変の行動がとれるのです。そして、小さな成功が自信を生み、スマートな行動をさせるのです。

射撃でも同じことが言えます。撃とうとしなければ、初心者でもピタリと狙いをつけることができます。しかし、実際に弾を入れて的を撃とうと構えると、例の「成功への緊張による震顫《しんせん》」が生じます。針の穴に糸を通そうとするときの、あれです。だから優秀なコーチは、模擬の標的射撃を何度もするように薦めます。慎重に狙いを定め、静かに引き金を引くことだけを練習させます。実際に弾が飛び出すわけではありませんから、正しい射撃の方法を冷静に学べるのです。こうした模擬射撃を何千回もやった後で、実際に弾を撃ってみますと、初心者でも上手に撃てます。

私の友人にハンティングの好きな男がいました。彼はクレー射撃場で練習をしていました。これは、いわば緊張を強いられる状況下での練習でしたから、実際に山鳥を撃ちに行っても、なかなか撃ち落とせませんでした。そこで私は、「シャドー・ボクシング」の話をしてあげました。彼はさっそく、それを実行しました。次の猟に出かけるときから彼は、弾の入っていない猟銃を持って行ったのです。そして、狙いを定め、正しく引き金を引くという動作だけを練習しました。こんなことを何回もしていたので、仲間たちは、気でも狂ったのかと笑っていましたが、あるときの猟で実際に山鳥を撃ったのですが、一七発撃って一五羽を仕留めました。彼は面目を施したのです。

私の友人の一〇歳になる息子さんは、プロ野球の大リーガーを夢みていました。彼の守備は申し分なかったのですが、打撃がいまいちでした。そこで私は、こう言ったのです。「君は、ボールを打とうとしすぎるんだよ。緊張しすぎているからね、ボールをはっきり見ることとさえできていないよ。いいかい、次からの一〇球は絶対にボールを打っちゃいけないよ。バットは肩につけたままにしておくんだ。ただし、ボールだけはよく見るんだ。目の前を通るまで、ボールから目を離しちゃいけないよ」と。

この練習を二〇球ずつ一〇回やった後で、私はこう注意しました。「いいよ、うまくやったよ。ボールから目を離さないこととバットは肩に置いたままにしておくことは、いままでどおりなんだが、今度はね、頭のなかで確実にヒットを打っている自分をイメージするんだ。想像のなかでボールを打つんだよ」と。これも二〇球ずつ一〇回、練習させました。そして一週間後、「もう、バットを振ってもいいよ。ただし、ヒットを打とうと緊張しすぎないように」と言い聞かせました。

彼はこうした「シャドー・ボクシング」式の練習を援用して、やがてどんどんヒットを打つようになりました。私は、若い友人を一人増やしました。

同じテクニックは、経営や販売にも応用することができます。ある若いセールスマンが、見込み客の前にでると、コチコチになってしまうとこぼすのです。「見込み客が反対意見を言ったり、商品の批判をしたりしますと、頭に血が上って言うべき言葉がでてこないのです。後になって、ああ言えば良かったな、と思うんですが……」と言うのです。

私は例によって「シャドー・ボクシング」の話をし、大リーガーを夢みている友人の息子さんの例を聞かせてやったのです。「あなたが後になって、こう言えば良かったと思いつくのは、リラックスしているからです。いままでは、あなたは、見込み客が投げてくるボールを打てないでいるのと同じです。こういうときは、頭のなかで見込み客と対面している場面をイメージするのです。挨拶から商品説明、見込み客の言い分、それに対する応酬話法……、それらを実際に声にだして予行練習するのです。しかし、商品を売ろうとしないのです。冷静に正しく説明するだけにするのです。ぜひ、やってみてください」と。彼自身の言葉を借りて言えば、このシャドー・ボクシング式訓練は「奇跡的な働き」をしたのです。

私がまだ医学生だった頃、私は外科手術の「シャドー・ボクシング」を死体相手に実践したわけですが、お陰で冷静にかつ慎重に手術するテクニック以上のものを教えられました。これが生身の患者さん相手で、手術の結果いかんが生か死につながる状況下での実習だったら、うまくいかなかったと思います。ほんとうの意味での学習はできなかったでしょう。リラックスした状況下で意識的に学んだことは、危機的状況下で潜在意識に、習慣化した行動として作用するのです。

自分のために神経を働かせる

「危機」（クライシス）という言葉の語源は、「決断」とか「決意のとき」を意味するギリシャ語です。それは、一本の道が二つに分かれている地点のことです。一方の道は良い未来を約束し、もう一方の道は悪い未来につながっているのです。医学的に言えば、危機は分岐点です。そこから患者さんは快方に向かうか、死出《しで》の旅路に就くかです。

野球で言えば、一点リードで迎えた九回裏、二死満塁の場面です。ピッチャーはヒーローにもなれるし、敗戦投手にもなるという分かれ目です。大リーグの名リリーフ投手として有名なヒュー・ケーシーは、ピンチのときどんな気持ちでリリーフするのか、と聞かれて「バッターがどんなボールを狙ってくるか、とか、打たれたらどんなことが起こるか、といったことは、考えたことがありません。いつも、これからやるつもりのことと、ピンチを切り抜けて〝やった〟と快哉を叫んでいる自分の姿をイメージしています」と答えています。

彼は、自分がこうしたいと思うことに専念し、そうなると感じ、ほとんどの場合そうなったのです。この態度があらゆる危機的場面にうまく対応する、もう一つの重要なキー・ポイントなのです。恐怖や脅威に消極的にならずに、積極的な態度で対応すること自体が、本来もっている能力を発揮する刺激として作用するのです。

背の高い、どちらかというとひ弱な感じの男を知っていますが、彼は自宅が火事にあったとき、二階から竪型ピアノを一人で庭に運び出したのです。後でピアノを部屋に入れるとき、なんと六人もの男手を必要としたそうです。危機という刺激が、彼に「火事場の馬鹿力」を出させたのです。

ピンチは力を与えてくれる

神経学者J・A・ハッドフィールド博士は、危機的場面で人々が肉体的にも精神的にも異常な力を発揮するのはなぜか、を研究しました。そして「ごく普通の人が緊急の場合に、普段の言動からは考えられない力を発揮するのは、なんと素晴らしいことでしょう。むずかしい課題を与えられた彼は、それまでは控えめな生活を送っていましたが、いったんそれを解決してやろうと決心したら、目に見えない力を発揮することがあります。危機に直面すると、人は勇気が湧くのです。また、長いこと試練に耐えなければならない立場に置かれると、驚くほどの忍耐強さを見せる人もいます。私たちは何か大きなことを要求された場合、恐れずにそれを挑戦と受け止め、自信をもって事に当たれば、十分に力を発揮して、危険や困難を克服できます。危険や困難自体が、私たちの力を引き出してくれるのです」と述べています。

ピンチに力を出す秘訣は、「恐れずに挑戦を受け入れ、自信をもって事に当たる」あなたの態度にあるのです。これは目標志向的で、積極的な態度です。事なかれ主義ではなく、何が起ころうと切り抜けてみせる、という態度です。ウィリアム・ジェームスの言葉を借りれば、「恐れや逃げの態度ではなく、戦う態度をもて」ということです。この態度がもてたら、危機的場面でさえも、あなたの目標達成行動を助ける力になってくれるのです。

レッキー先生によると、感情は興奮状態とそうでない状態があるだけで、興奮それ自体が恐怖とか怒り、勇気といった形をとる、とのことです。だから、問題は感情を抑えることではなくて、興奮をどんな形で発揮するか、なのです。

意図していることや目標が前向きのものなら、危機的状況が与えてくれる興奮が勇気を生み、その状況を切り抜けるのに役立つように作用するでしょうし、態度そのものが逃げ腰だったら、恐怖や不安を体験することになるでしょう。

たとえばボクシングの世界へビー級チャンピオンだったジャック・デンプシーは、試合前には神経質になって、髭もそらなかったそうです。いても立ってもいられないほど興奮状態が続くのが常だったそうですが、彼は、この興奮を恐れのためだとは思っていなかったのです。必殺のダイナマイト・パンチをつくるために、その興奮を活用したのです。

経験を積んだ舞台俳優でも、舞台に立つ前には興奮状態になると云います。しかし、それはいい兆候なのです。勇敢な兵士が、戦いの前に興奮して眠れないのと同じです。競馬通の話によると、パドックで神経質になっている馬が良い成績を残すそうです。また、たいていの人は、試験というと興奮するものですが、問題も理解できないほどあがってしまう人と、普段以上に力を発揮する人がいます。この相違を創り出すのは、興奮そのものではなくて、それをどのように活用するか、の心構えなのです。

起こり得る最悪の事態を見つめる

映画やテレビなどで涙を誘われる場面を見ていますと、一人でいるときなど、自然に涙を流すことがあります。そして、涙を流すことでいっそう泣ける気持ちになります。同じように、危機に直面して恐れや不安を感じると、それ自体が恐れや不安を大きくさせ、冷静に考えればたいした問題ではないのに、大問題にしてしまうことがあります。

ほんとうの危機に直面したら、興奮しないほうがおかしいわけですが、非現実的情報などに惑わされて反応すると、たいへんなことになります。過度の情緒的興奮は、神経過敏となってあなたの心に巣を作ってしまうからです。

哲学者で数学者でもあるバートランド・ラッセルは、「不幸があなたを脅かすとしたら、起こり得る最悪の事態を冷静に考えるのです。そのうえで、それは『たいしたことではない』という理由をいくつか挙げてみるのです。たいていの場合は、理由が見つかるものです。そうしてしばらく時間をおくと、『なんだ、やっぱりたいしたことではない』という確信が湧いてくるものです。いちばんいいのは、宇宙の広大無辺さと自分の問題を比較するのです。宇宙的な重大事件など、個人に起こり得るはずはありませんから、こんなふうに見てくると、気持ちが落ち着いてくるものです。こうしたことを二、三度繰り返すと、悩みはまったく消えてしまいます」と述べています。

カーライルにもかつて、絶望的になった時期がありました。そのとき「私の北極星は消えた。試練の空には星とてない。宇宙は火の消えた蒸気機関で、私をバラバラにするかのように回転している。私は自問した。何を恐れるや。臆病者よ、お前が直面しているのは死か、地獄の苦しみか。それがなんだ。お前には勇気がないのか。悪魔がお前を滅ぼそうとするなら、それを踏みにじることはできないのか。さあ、来るがいい。立ち向かい、それを粉砕せん。そう考えたとき、熱いものが全身を貫いた。私の内なる力が恐怖を払いのけた。私は強くなった。未知の力、それは神の力なり。恐れも悲しみも去り、あるのは不屈の精神だった」と言っています。

心のなかの葛藤をたどるとこうなるでしょうが、ラッセルとカーライルが教えてくれるのは、どうすれば目標志向の積極的態度をもち続け、危機を乗り切るか、ということです。

セールスマンはたいせつな見込み客に会いに行こうとして、失敗したらどうしようと深刻に考えるかも知れません。就職の面接を受けに行こうとしている人は、「死ぬほど」緊張しているかも知れません。しかし、日常のこうした危機的場面のほとんどは、生か死かといった大問題ではなく、前進するか、いまのままでいるか、というだけのことです。たとえばセールスマンにとっては、起こり得る最悪の事態は「注文がもらえない」というだけのことです。就職希望者にとっては、最悪の事態は「その会社に就職できない」というだけのことです。見込み客は他にいくらでもいますし、会社だって無数にあります。「手に入れるものは他にたくさんあります。失うものは一つだけです」と考えれば、恐さなんかどこかへ吹き飛んでしまいます。

名優の名をほしいままにしたウォルター・ビジョンは初舞台ですっかりあがってしまい、散々の不評を買いました。しかし、次の日の舞台に立つまえに、彼は自分にこう言い聞かせたのです。「お前はすでに初舞台で失敗した。失うものはもう何もないはずだ。演技をあきらめるのは、俳優として敗北者だ。何も悩むことはない。さあ、気楽にやれ」と。

彼はリラックスしていつもの演技に没入しました。その自信に溢れた演技は観衆を魅了し、その興行は大成功でした。もちろん、彼の名声も高まりました。要するに、危機を乗り切るカギは、「あなた自身」にあるのです。この簡単な原理を忘れずに、危機を創造のチャンスに変えることを学んでください。

14

勝利感を身につけよう

「病は気から」の逆もまた真

あなたがもっている自動的な創造の仕組みは、目標志向にできています。それは、目標と最終結果の関連で作用します。達成すべき明確な目標を設定しさえすれば、そのための手段は、心の「成功へのサーボ機構」が考えだしてくれます。そのためには、前提として「目標を設定すること」が必要です。その目標は、あなたの能力と実現可能性を勘案した形で設定されていなければなりません。その実現可能性は、あなたの脳と神経系が「必ず達成できる」と思えるものでなければなりません。この条件さえ満たされていれば、目標を達成して満足しているときの感情が満ち溢れ、それがいい方向に作用します。

目標設定から目標達成までの心のもちようは、さほどむずかしいものではありません。ごく普通に日常生活で毎日、行っていることです。私たちの生活行動には二つのタイプが見受けられます。一つは、「失敗へのサーボ機構」を働かせるタイプです。もう一つは「成功へのサーボ機構」を働かせるタイプです。どちらが良いか、お分かりいただけると思います。たとえば私たちは、近い将来に起こり得る問題で、不安感を抱くことがあります。受験や就職、結婚、職場の人間関係などが、不安材料です。すると、一般的な問題として見聞きした失敗例をあれこれ考え、失敗する前に気持ちの上で失敗の経験をしてしまうのです。

新聞や雑誌、テレビなどから得た知識を、自分自身の失敗として「刷り込んでしまう」のです。こうしますと、あなたの「失敗へのサーボ機構」が働きだします。私たちの脳と神経系は、現実の経験と頭のなかでイメージした経験を区別できませんから、失敗について考え続け、その刺激が繰り返されると、失敗の感情を体験することになります。

反対に、目標を心に抱き続け、それが心のなかで現実になるまでイメージし続けると、あなたの「成功へのサーボ機構」が働いて、勝利感すなわち自信と勇気と「望ましい結果が得られるという信念」を、体験することになります。私たちは、意識的に心の「成功へのサーボ機構」を覗くことはできません。またそれが失敗するように作用しているのか、成功するように作用しているかを、伺い知ることもできません。では、どうしたらそれを成功に向けてセットさせることができるのでしょうか。

成功こそ成功の母

意識的に操作できない心のなかにある創造の仕組みと、その「成功へのリーボ機構」をうまく操作する方法があるとすれば、それは「成功の経験」を頭のなかにイメージすることです。成功を思い描けばいいのです。「勝利感」は、「やった！」という気持ちですから、それ自体は行動の結果として生じるものです。したがって、勝利感自体はあなたを成功に向ける作用をしません。しかし、思い出してください。成功は、自分が設定した目標を自分が満足できる形で達成することです。そして、目標を達成して満足している自分をイメージすることが、成功をより確かなものにする起爆剤になる、ことを紹介しました。勝利感は、その意味での起爆剤になるものです。

プロ・ゴルフの名手　ケリー・ミドリコフは、こんな話をしていました。「私がマスターズ・トーナメントに優勝したときのことですが、試合の四日前に〝勝てる予感〟がしました。試合になってからのスウィングは完璧でしたし、パッティングにいたっては、カップへのラインがはっきり見えるほどで、ボールを打つフィーリングも抜群でした。こうした〝感じ〟をもてた試合で、私がやることと言えば、無心にクラブを振ることだけでした。勝てる、という『勝利の予感』がもてると、ボールまでいいほうへキックするし、『ラッキーだ』という言葉で表現されることが次々に起こるものです」と。

大リーグのワールド・シリーズで完全試合を達成したドン・ラーセン投手は、前の晩に完全なピッチングができるという、普段は感じたことのない予感があった、と語っています。J・C・ペニーは、父が遺した「ジム、わしは、お前が成功することを知っているよ」という言葉を聞いて以来、自分は成功すると感じるようになった、と話しています。お金もなかったし、教育も受けていなかったけれど、彼はくじけそうになると父の予言を思い出して、問題は解決できると「感じていた」のです。

ヘンリー・J・カイザーは、「むずかしい仕事をしなければならないときには、人生に情熱をもっている楽天主義の人か、日常の仕事に自信をもっていて、何事にも積極的な人に頼むと良い。『むずかしいかも知れませんが、なんとかやれますよ』と気楽に言ってくれます」と述べています。サイコサイバネティックスは、人が成功するのは、成功した行動を記憶し、それを何度も再現できるからです、と解き明かしています。

たとえば、迷路を学習できる「ロボット・ネズミ」を迷路に入れて観察すると、たえず仕切りや障害物に当たります（失敗を重ねる）が、最終的には迷路を通り抜けます。すると、二回目からはどこにも当たらずに、迷路を抜けます。この「ロボット・ネズミ」は、うまくいった行動だけを記憶するように作られていますから、二回目からは「成功した行動」だけを選んで、素早く迷路を通り抜けることができたのです。人間はロボットよりははるかに精巧に創られているので、成功体験だけを記憶し、それを反復活用するイメージ訓練を行えば、効果は一目瞭然です。

ハーバード大学のエリオット総長は、「成功の習慣」と題した講演のなかで「小学校で、いわゆる〝落ちこぼれ児童〟が出るのは、初期の段階で生徒がこなせる量の課題を与えないからです。つまり『成功の感触』を掴むチャンスを与えなかったからです。学校生活の初期に成功を経験しなかった生徒は、『成功の習慣』を身につけるチャンスが与えられなかったことになるのです」と述べています。

小学校の低学年のときに、生徒が成功を体験できるように学習科目の内容を調整するのは、先生の重要な役目です。それは、生徒が容易にこなせるもので、興味を起こさせるもののほうが効果的です。「こうして得た小さな成功が、『成功感』を与え、それはその生徒の人生における良き伴侶となります」とエリオット博士は指摘しています。

ちょっとしたことに成功すると、大きな仕事にも「成功感」をもち越せます。その意味では、まず小さな目標をたててそれを達成したら、次にもう少し大きな目標を立て……、といった具合に段階的に目標を大きくして、それを達成する方法は、上手なやり方と言えましょう。「失敗は成功の母」と云われますが、目標達成への過程で、フィードバック機能として行動の修正に役立つだけなのです。サイコサイバネティックス流に言えば、「成功こそ成功の母」なのです。「一事成れば万事成る」という諺《ことわざ》はほんとうなのです。

「できること」から徐々に

重量上げの選手は、まず、たやすく持ち上げることができるウェートのバーベルから始め、徐々に重さを増やしていきます。ボクシング界の優秀なマネジャーは、将来有望な新人には、まず楽に勝てそうな相手と戦わせ、徐々に自信をつけさせていきます。この原理は、日常の行動にも応用可能です。まず、成功できる仕事から手がけ、徐々にむずかしい仕事をこなしていくのです。

また、この原理は、専門職などにも応用可能です。ある優秀なセールスマンは、スランプに陥ったら、売りやすいお得意様を何軒か訪問して、「セールスの呼吸」を掴みなおしてくる、と言っています。タイピストのコンクールで世界選手権を勝ち取ったアルバート・タンゴラは、スピードを上げて間違いをしそうだと思ったら、反対に『ゆっくり打つ」練習をしたそうです。ボクサーが不調になったとき、楽な相手と戦わせるのも、同じ原理によるのです。

誰でも、過去に成功した経験をもっているものです。小学校の運動会の五〇メートル競走で一等賞を取ったことでもいいのです。そのときのことを、微に入り細を穿《うが》って頭のなかに再現してください。お父さん、お母さんが「がんばれ！」と叫んでいる、ゴールのテープを切ったとき、お父さん、お母さんが踊りあがって喜んだこと、その笑顔、青い空、友達の顔、顔、顔、そうしたことを頭のなかで再現するのです。

この方法が有効なのは、過去の成功の体験が、現在のあなたの心（脳と神経系）に再現される点にあるのです。あなたはだんだんリラックスして自信に溢れた気分になれます。そして、私たちが「勝利感」と呼んでいる感情が、あなたのこれからの行動に自信と勇気を与えてくれるのです。セールスでもゴルフのコンペでも、会社での会議でもいいのです。この方法は、あなたがびっくりする効果をもたらします。

望ましい結果を頭に描く

もう一歩、階段を上がると、見える景色が変わってきます。成功したらどのように振舞い、どのように感じるか、を頭のなかにイメージするのです。成功して満足感に浸っているあなた自身の姿をイメージするのです。これができるようになれば、あなたはイメージ訓練を習慣化したことになります。気持ちの上で必ず成功すると考え、そのように振舞うことは、重要な意味をもっているのです。何か心に浮かんだときは、マイナス思考をせずに、プラス思考をするのです。望ましくない結果を「悩む」のではなくて、望ましい結果を「楽しむ」のです。

「ああして、こうすりゃ、失敗するだろう」という仮定を何回も心のなかで繰り返していると、それに馴染んでしまいます。そして、その「仮定」は「可能性」に育っていって、「そうしたことも起こり得る」ことになります。すると、失敗の創造的仕組みが自動的に働いて、マイナスの可能性を心のなかに描き始めます。このイメージが細部にわたって描かれようになると、その「想像」は「現実」になり、それにふさわしい反応（恐れや不安）を生じさせるのです。

信念や勇気も、まったく同じような経緯で創られます。目標が違っているだけなのです。悩む問題が生じたら、忘れるのです。それができない場合は、まず望ましい結果を頭のなかに描くことから始めるのです。「最善の結果が実現したら」という仮定から始め、結局それは起こり得る、と自分自身に思い込ませるのです。いまは起こらないが、やがてそれは起こるのだ、と自分自身に言い聞かせるのです。そして、望ましい結果を掌中にしたときのあなた自身と、満足している情景を、できるだけ細部にわたってイメージするのです。

勇気や信念は、一種の遅効剤です。そのつもりで気分的に受け容れるのです。何回も何回も、リラックスした状態で望ましい結果を得て満足している自分をイメージすれば、「可能性」は「現実」に変わっていきます。その状況に適切に反応する感情（勇気とか自信）が「勝利感」として作用するからです。

勇猛果敢で知られるジョージ・パットン将軍は、「戦《いくさ》の始まる前に恐怖感を覚えたことがありますか」と聞かれて、「ええ、もちろんです。重要な戦だと、とくにそうですね。戦闘中にも恐さを感じることもありましたよ。しかし私は、恐怖と『相談はしません』でした」と答えています。パットン将軍は、恐怖を感じたけれども、それを「失敗のサイン」とは受け取らなかった、ということです。これは、どんな状況に対しても真理なのです。問題は、それにあなたがどう反応するか、どんな態度を取るか、です。恐怖や不安に耳を傾けていたら、そしてその気持ちを受け容れていたら、多分悪い結果を生むでしょう。

二五枚一組のカードに数字が書かれているのですが、それを被験者に見せて、今度はそれを裏返しにして、トランプのように切ります。それを上から順に当てていくという実験をしたわけですが、この実験の結果を、デューク大学の超心理学研究所のＪ・Ｂ・ライン所長は「通常、勇気付けなどの積極的暗示は得点を良くし、否定的な暗示は得点を悪くすると云われています。しかし、否定的暗示に対して気持ちを高揚させ、得点を良くしたという被験者もいました。九歳のリリアンは、普通の状態では平均の五枚を上回る程度の成績でしたが、「一組のカードを全部言い当てたら一万円あげるよ」という積極的暗示をかけましたら、何かブツブツ言いながら挑戦していましたが、とうとう二五枚のカードを全部、言い当てたのです。「何をブツブツ言っていたの」と聞かれて、彼女は「全部言い当てられます」とお願いしていた、と答えていました。この実験で判ったことは、暗示に対して被験者がどんな態度を取るかが、結果を左右するということです」と述べています。「あなたはできないでしょう」と言われて、やる気をなくしてしまう人と、「なにくそ！」と逆に発奮して頑張る人がいる、ということです。さしずめヘンリー・J・カイザーは、後者の一人でしょう。彼の同僚は「ヘンリーに何かしてもらいたくなかったら、『ヘンリー、君はそんなこと、できないよ』などと言わないほうがいいよ。それを言うと彼は必ずやってのけちゃうから」と言っています。

悩みを楽しみに変える

感情を意思の力で制御することはできませんが、間接的にコントロールする方法はあります。「悪い感情」が心を占めたら、それを忘れて「良い感情」で心を満たすようにするのです。感情は想像によって動くことを思い出してください。マイナスの感情は追い払えないとしても、プラスの感情には置き換えられるということです。

心理学者のマシュー・チャペル博士は、「私たちは悩むことがあります。それは仕方のないことですが、悩みに馴染んでしまうほど悩むことが多いのです。これでは悩む訓練をしているわけですから、悩む人間になってしまうのです」と述べています。私たちは、習慣的に過去の失敗を思い出したり、未来を悪いほうへ予測しがちですが、そうしますと、一種の悩みをもつようになります。

「悩みをもったら、悩みの元を断とうとしないで、心のもち方の習慣を変えることです」と、チャペル博士は指摘しています。どうするか。心を「不安な思い」でいっぱいにしないで、「楽しい思い」が心を占めるように「習慣付ける」のです。過去の楽しい思い出などを、リラックスした状態でイメージするのです。悩みはひとりでに消えていきます。これが、悩みを直す唯一の方法です。

私は医学生の頃、病理学の授業中に、教授から質問され、口頭で答えるように言われました。立ち上がって同級生の視線を感じたとき、一種の不安な感情に襲われ、正確に答えられませんでした。その後、筆記試験に同じ問題が出されていて、そのときは自信をもって回答できました。満足感も覚えました。いわゆる「勝利感」を実感したのです。

そのとき私は考えました。今度、口頭で答えなければならないときは、同級生を見ないようにしよう。自分の目の前には質問用紙があり、先生がそれを読んでくれたのだ、と思うことにしました。期末の口頭・筆記の両試験とも、良い成績でした。

私は整形外科医になって以来、戦場で不具になった兵隊さんや奇形で生まれた赤ちゃん、事故で負傷した人たちを手術して治してきました。こうした不幸に遭った人たちは、「勝利感」とはほど遠い方々だと思ってきましたが、手術後は、普通の人と同じように、未来への希望を胸に、社会へ復帰していきました。しかも、「勝利感」を身につけさせる機会を与え続けているうちに、私自身も勝利感を身につける技術が上手になっていったのです。自己イメージを改善するお手伝いをしているうちに、私自身も自己イメージを改善させていったのです。自分の幸せを願うということは、他人の幸せを願うことで得られるということを、教えられました。

記憶は変化する

私たちの心には、過去に経験したことを記憶する機能があります。これをエングラムと云いますが、そこには幸せの物語もあれば、不幸な結末の記録もあります。どれも事実として記憶されています。幸せの記憶を取り出すか、不幸の記憶を取り出すかは、あなた次第というわけです。

エクルズ博士とシェリトン博士は、「エングラムは再生されるたびに、少しずつ変化する傾向をもっている」ことを指摘しています。なぜそうなるか。それは、私たちの現在の心境が影響するからです。録音されたテープに、そのときの感情が新たに追加されて録音されるようなものなのです。

この発見は大きな意味をもっています。不幸な幼児体験や「精神的外傷」（情緒的ショックで精神的に持続的な影響を与える原因となるもの）は、永久に治らないという説から私たちを解放し、勇気付けてくれるからです。換言すれば、私たちは、過去によって運命を定められるわけではないし、破滅させられるものでもないことを、両先生の研究が教えてくれるからです。

私たちのエングラムに不幸な幼児体験や精神的な傷が記録されていても、私たちの現在の精神的な習慣、過去の経験や未来に対する態度などが、エングラムに影響を与え、修正・変化させ得るということです。しかも、このエングラムは、活用されればされるほど強く記録され、使われないと徐々に薄れていく傾向がある、とも両博士は指摘しています。と云うことは、過去の不幸な経験はなるべく忘れて、幸せで楽しい記憶に意識を集中させることは有効だとするサイコサイバネティックスの考え方に科学的な根拠を与えてくれているのです。そうすることで、私たちは成功や幸せと関係のあるエングラムを強化し、失敗や不幸と関係のあるそれを弱めることができるのです。

15

心豊かな人生を

生命力はあなたの心が創る

人間の身体は、目標志向の精巧な仕組みをもったシステムです。このシステムに生命を与え、それを動かすのは、人間の心です。人間は機械ではありません。電気がそれを伝える電線ではない、のと同じ理屈です。人間の本質は、J・B・ライン博士が名づけた「超肉体的」なもの、すなわち生命力とか活力、意識、知性、同一性の感覚などを総合した「自我」なのです。

長い間、生物学者や生理学者、心理学者たちは、人間には人間を動かす万能の「エネルギー」があることをほのめかし、その利用の仕方いかんで、ある人は他の人に比べて病気に対する抵抗力が強く、ある人は他の人より早く老け、逆に長生きする、ということが生じる、と考えてきました。それは、私たちが食物から摂取するカロリーではなくて、一種の精神的エネルギーであることは明らかです。

J・A・ハッドフィールド博士は、「私たちが食物や空気から生理学的に一定量のエネルギーを摂取していることは事実です。心理学者、とくに病人を扱っている臨床心理学者によると、力の源泉は外部から供給されるもので、人間が自ら創り出すものではないのです。ジャネが「精神的エネルギー」と名づけた力は、健康な人には満ち溢れ、病人にはわずかしかないのです。ユングは、「生的エネルギー」（リビドー）を、あるときは食欲として、あるときは性欲として働く力、と説明しています。これは、ベルクソンのエラン・ヴィタール（生命の進化は、外部の条件によるものではなく、内なる衝動による創造的な変化による）の考え方と相通じるところがあります。「私たちの身体は、単なる活力の容器ではなく、汲めども尽きない井戸のようなものです。その水（生命力）は、天の恵みか神の思し召しによって湧き出てくるもので、その問題は他の研究者の課題ですが……」と述べています。

「生命力」を科学的に立証したモントリオール大学のハンス・セリエ博士は、数々の実験の結果、「順応エネルギー」という概念を提唱されました。それは人間の基本的な生命力のことですが、一生涯を通じて遭遇するストレスに順応するために要するエネルギーのことです。身体に外傷や寒冷、精神的ショックなどが加えられますと、生体はこれに対処しようとしますが、その反応を起こす生体の状態のことを、セリエ博士は「ストレス」と名づけたのです。

セリエ博士の数多い業績のひとつに「人間の肉体は、それ自体が健康を維持するようにできており、病気を治し、老化に対処して若さを保とうとする機能ももっている」というのがあります。セリエ博士は、肉体がそれ自体を治療し得ることを証明しただけでなく、それが「唯一の治療法」であることも証明したのです。薬品や手術その他の治療法は、肉体の防衛機能に欠陥があるとき、それを刺激したり和らげたりする効果があるだけなのです。

外科医が傷を手当てし、神が治し給う

「病は気から」と云われますが、言い得て妙です。たとえば、私がかかわった患者さんには、早く治るタイプと、そうでないタイプがあります。早く治る人たちを良く観察してみますと、この人たちは単に「早く良くなる」ことを期待しているだけでなく、「私には仕事が待っている」とか「やり遂げなければならない目標があって、こんな所にぐずぐずしているわけにはいかない」といった治りたい理由をもっていることが判ったのです。しかも、押しなべて楽天的で「積極的考え方」をもった人たちです。

要するに、この人たちは、私が何度も述べている「心のなかにある成功の仕組み」を活用する態度をもっていたのです。楽天主義とか快活さ、自信といった心的状態は、治癒を促進し、若さを保つ働きをするのでしょうか。私たちがもっている「成功へのサーボ機構」は、人生を充実させるエネルギー、一種の「若さ」を与えてくれるのでしょうか。

たとえば、新薬の効果を調査するときによくやる方法ですが、A、Bのグループを設定し、見た目は同じ形の薬を「これは良く効く新薬です」と言って飲ませます。ただし、中身はAグループには新薬を、Bグループには単なる栄養剤を、飲ませるわけです。ところが、本来は何の効き目もないはずのBグループにも、Aグループの人と同じ効果をみせる人が出てくるのです。

第二次世界大戦中にカナダ海軍は、この方法で船酔いの新薬テストを行いました。コントロール・グループを三つに分け、第一のグループには中身が栄養剤の糖衣錠を、第二のグループには新薬を飲ませました。そして第三のグループには何も飲ませませんでした。この結果は、第一のグループで船酔いになったのは一三パーセント、第二のグループではゼロ、第三のグループでは三〇パーセントでした。

この実験で注目したいのは、第一のグループで実際に船酔いに効果があったということです。これは、プラシーボ効果と言って、一種の暗示効果です。たとえば、ここに三〇歳の健康な男がいるとしましょう。その彼に、もしも、あらゆる運動は身を滅ぼし、精神的活動は無益であると思い込ませることができたら、五年以内にたやすく彼を「老人」にできます。一日中、彼をロッキング・チェアに座らせ、未来への夢も新しいアイデアに対する関心も全部あきらめさせ、彼自身を用済みの無価値な人間と思わせることができたら、実験的に一人の老人を創れることは確実です。

多くのサラリーマンは定年退職すると、急速に老人くさくなります。これも、自分の生産的人生は終わったという「彼自身の気持ち」がそうさせるのです。待ち望む何物もないし、もはや自分は不要な人間なのだと感じるのです。そして「疲れ果てた」自己イメージを創り出してしまうのです。

これらの人たちは、仕事から引退しただけでなく、人生からも引退したと思い込んだために、自らをダメ人間にしてしまっているのです。ひとつには、現代社会の風潮そのものが、「オレは用済みの人間だ」と思わせたり、自尊心や勇気、自信をしぼませる働きをしているからだと思います。しかし、こうした「考え方」は、流行遅れの非科学的な概念だということを、私たちは肝に銘じておく必要があります。

かつて心理学者たちは、「人間の精神力は二五歳で最高潮に達し、以後は徐々に衰微していく」と考えていました。しかし最近になって、「人は三五歳ぐらいで精神の働きが最高潮に達し、同じレベルを七〇歳過ぎても維持できる」ことを明らかにしています。「老犬に新しい芸は仕込めない」という考え方は、現代ではナンセンスなのです。

やりたいことを創り出せ

アーノルド・A・ハットシュネッガー博士は「私たちは暦によって年を取るのではなく、日常の出来事やそれに対する心の動きで年を取るのです」と述べています。ミケランジェロは、傑作と云われる絵のいくつかを八〇歳過ぎてから描いていますし、ゲーテも『ファウスト』を八〇歳過ぎてから書いています。ピカソにしろライトにしろショーにしろ、かなりの高齢で大活躍しました。

この人たちは、過去に対してではなく、未来に対して限りなき情熱を燃やしたのです。だから、精神的には老化する暇がなかったのです。創造性は生命力の特性の一つですが、その本質は、未来を見つめ、目標をもち、それを達成したいと強く願うことなのです。人生に対する熱意を生み出し、心豊かな人生を送るために「やりたいこと」を創り出すのです。その欲求をもったとき、あなたは心豊かな人生を享受できるのです。

ジョン・シンドラー博士は、『三六五日をどう生きるか』という有名な本のなかで、人間がもっている六つの基本的欲求を紹介しています。

1　愛を求める心。
2　安全を求める心。
3　創造的な表現をしたいという心。
4　認められたいという心。
5　新しい体験をしたいという心。
6　自尊心を傷つけられたくないという心。

私はこれらの欲求に、もう一つの基本的欲求、つまり「やりたいことをもちたいという心」を付け加えたい。生き方そのものは、適応性のあるものだと思います。生きていることは目標そのものではなく、目標への「手段」なのです。生きることは、あなたにとってたいせつな目標を達成するために取り得る手段の一つなのです。

生きることを目標への手段として多様な形で適応させることができるなら、また、生命力を必要とする目標をもち、それを目指して行動するように自分自身を位置づけることができるなら、より強い生命力が得られると考えるのは、理に適っていると思います。

私は「明日を楽しもう」と強く願うとき、とりわけなすべき大事なことがあり、行くべき場所があるとき、喜びと期待をもって未来を臨むことで、この欲求を満たすことができると信じています。自分自身を「無価値な存在」だと思い込むことは、神を冒涜《ぼうとく》するものです。神は、ほんとうの自分を見つめることで、心の平安と幸せを感じる力を私たちに与えてくれているのです。適切で現実的な自己イメージを「神のイメージにより創られたもの」として受け取り、「あなたにとって大事な目標」をもつこととそれを達成しようと努力することで、充実した生き方をされるよう、心から祈ってやみません。

本書に書かれていることは、私の患者さんに「充実した幸せな人生」を手にする考え方と方法を提供し、そこから得られた成果を多くの先人の名言を介して分かりやすく解説したものです。患者さんたちはそれを実行することで、幸せを掴《つか》んでくれました。本書を読まれたあなたも、同じように幸せになってください。

訳者あとがき

「復刊ドットコム」というインターネット・サイトがあって、復刊リクエストがたくさん寄せられているようです。古本も高値が付いています。ここは一つ、改訳版を出版したいのですが、ご一考いただけませんかと、知道出版さんからお話がありました。

そうか、確かに『自分を動かす』は、いま一種のブームになっている「プラス思考」の原典といえる名著だと思う。人間の潜在能力を開花させる考え方やノウハウを説いた名著だと思う。『人を動かす』（デール・カーネギー／創元社）に匹敵する名著だと思う。しかし、古くないかな、いまの若い読者に受け入れられるかな、と思った。

とにかく一度読み直してみよう。そう思って読みました。いや、びっくりしました。私の不明が恥ずかしくなりました。古いどころか、いまこそ多くの読者に読んでもらいたいことだらけではないか。ここに書かれていることを理解し、日常に生かしてくれれば、明るい社会が実現されるではないか、そう思いました。

もう一つ、これはお詫びしなければならないことですが、私も若かったせいで、なんと小難しく訳していたではありませんか。そこで、「私の文章」でやさしく訳し直したい、そう考えました。もちろん、原意を損なわないことに留意して、の話です。それがどの程度成功したかは、読者のみなさんの評価を待たなければならないことだと思います。

たとえば、いまなら著者名も「マクセル・モルツ」のほうが、発音にいちばん近いように思います。しかし、「マクスウェル・マルツ」で広く定着しているので、という編集部の意見に従いました。題名も『自分を動かす』はいいとしても、サブタイトルは「もちろん毎日を楽しむために」としたい心境だと申しましたが、これも同じ理由で「あなたを成功型人間に変える」となりました。

サブタイトルを変えたいと思ったのは、論語の名言を思い出したからです。「之を知る者は、之を好むものに如かず。之を好む者は、之を楽しむ者に如かず」という文です。「之」は人の道と思ってください。「自分を動かす道」は教えられて身につくものではない、と思います。それは「悟道」なのです。ここに紹介されていることは「知識」です。それをあなたの日常の習慣とし、行動に反映させるのは、あなたの智恵だと思うのです。それは悟りへの道なのです。たいそう偉そうなことを申し上げましたが、古希を過ぎると、しみじみそう思います。

ところでマルツ博士は、「心は脳と神経系からなるシステム」と捉えていますが、この点については補足しておかねばなりません。

「心」についての研究はたいへん進んでいます。たとえば「遺伝子工学」の考え方です。生物の最小単位は細胞ですが、一つの細胞には核があって、そのなかに遺伝子（DNA）が入っています。その遺伝子は、らせん状の二本のテープからなっていて、そのテープ上に四つの化学の文字で表される情報が書かれています。この情報が「遺伝子情報」です。そこには生命に関するすべての情報が入っていると考えられています。

その遺伝子の基本情報は、三〇億の化学の文字で書かれており、これを本にすると一ページに一〇〇〇語入るとして、一〇〇〇ページの本が三〇〇〇冊分になるそうです。しかも、人間が考えることも、行動することも、すべて遺伝子の働きによるのだそうです。人はだれでも。六〇兆個ないし七〇兆個の遺伝子をもっていて、実際に活用（オン）させているのは三～五パーセント程度だそうです。一〇パーセントも活用できたら、天才の上をいくこと間違いなしだそうです。

本書のなかにも、催眠術や夢の話が出てまいりますが、遺伝子のなかにはすべての人類の情報が入っていると考えれば、思い当たる節が多々あるように思うのは、私だけでしょうか。以上のことは、遺伝子工学の権威・村上和雄教授の本（『生命の暗号』サンマーク出版）から得た知識ですが、個人的にもお目にかかる機会がありましたので、「先生、最近はどんな研究をなさっておられますか」と伺いましたら、「笑うねずみを創る研究をしています」とおっしゃいました。

ジョークかと思いましたが、なんともユニークな研究で、笑っちゃいましたけれど、心が温かくなりました。笑いは人間にだけ許された特性で、それを他の動物にも体験させることができたら楽しいな、と思いました。笑いは百薬の長であり、健康の基です。「笑って暮らせば、この世は天国」です。それは幸せを呼ぶ響きです。

村上先生は、「幸せをつかむ生き方ができるかどうかは、遺伝子の働きによります。では、幸せをつかむために、私たちは遺伝子をどう働かせたらよいのでしょうか。それは、日常生活をはつらつと前向きに生きることだと考えています。『イキイキ、ワクワク』する生き方こそが、人生を成功に導いたり、幸せを感じるのに必要な遺伝子をＯＮにしてくれる……というのが私の仮説です」とも述べています。

本書の著者は、「幸せとは楽しい考え方が心を占めている状態」だと紹介し、「そのためには人の幸せを第一義に考えることが大事です。それがあなたに幸せをもたらすのです」

と述べていますが、私は「人生は愛と夢がすべて」だと思います。どうか「人生は楽しむためにある」と考えて、毎日を楽しくお過ごしください。

小圷　弘

著者略歴／マクスウェル・マルツ
コロンビア大学卒業後、同大学で医学博士を取得。整形外科教授。世界的に有名な整形外科医として活躍。アムステルダム大学やパリ大学、ローマ大学などで教鞭をとった。個性変容の問題にサイコサイバネティックスの理論を採用し、自己改善・自己実現の手法を体系化した本書は、博士の代表作として高く評価されている。

訳者略歴／小圷弘（こあくつ ひろし）
1933年生まれ。茨城大学文理学部政治経済学科卒業後、経済雑誌ダイヤモンド社入社。出版部で書籍の出版企画・編集に従事。専門は経営学（とくにマーケティング）。（株）インテリジェンス・カウンセルを設立。コンサルタント業を開始。1988年に人生の第三ステージとして趣味の囲碁を生業とし、「つくば囲碁センター」を主宰。2005年閉鎖。

自分《じぶん》を動《うご》かす

2016年 8月15日　改訂新版第1刷発行
2025年 7月18日　第2刷

著　者　マクスウェル・マルツ
訳　者　小圷弘
発行者　友村太郎
発行所　知道出版
〒101-0051 東京都千代田区神田神保町1-11-2
天下一第二ビル3F
TEL 03(5282)3185　FAX 03(5282)3186
https://chido.co.jp/
印　刷　太平印刷社

ISBN978-4-88664-284-4